令和3年改訂版

コロナ禍における選挙管理執行の実務

実務

**特例郵便等投票から
最新対策事例、Q&Aまで**

一般社団法人 選挙制度実務研究会 編

はじめに

　令和 2 年初頭から始まった新型コロナウイルスの世界的な感染拡大は、令和 3 年の半ばを過ぎた現在も収束の兆しが見えていません。日本国内においても、いまだ多数の新規感染者が発生する状況が続いており、取り分け東京都では令和 3 年 7 月には 4 度目の緊急事態宣言が発令されました。

　こうした中、各地の選挙管理委員会では選挙を滞りなく管理執行するために、投票所での三密回避とともに消毒・換気の徹底、当日投票所の混雑回避のための期日前投票の拡充等、さまざまな感染防止対策に取り組み、これまでのところ、国政選挙・地方選挙ともに選挙期日の変更など大きな混乱を来すことなく、予定どおりのスケジュールで投開票が行われています。

　一方、コロナ禍が長引くにつれ、ホテルや自宅において療養中で外出制限が要請された感染者である選挙人の投票が事実上困難となってしまう問題が浮上しました。そこで国では、議員立法により療養中の選挙人が選挙権を確実に行使することができるように、令和 3 年 6 月、当分の間の措置として「特定患者等の郵便等を用いて行う投票方法の特例に関する法律」を制定し、宿泊施設等で療養中の者のうち、一定の要件を満たす者については、公職選挙法第49条第 2 項を用いて行う投票方法について、公職選挙法の特例が定められ「特例郵便等投票」ができることとされました。

　本書は、この特例郵便等投票の運用のポイントについて解説するとともに、選挙の管理執行における基本的なコロナ対策や実際に各地の選挙で行われたコロナ対策の具体事例のほか、各地の選

挙管理委員会から当研究会に寄せられたコロナ禍における選挙の管理執行に関する質問とそれに対する回答等を幅広く掲載、選挙におけるコロナ対策を網羅的に紹介することを目的に編集いたしました。

　コロナ禍という未曽有の困難の中にあって、瑕疵のない適正な選挙の管理執行を実現している全国の選挙管理委員会の皆様に心からの敬意を表するとともに、本書の編集にあたって有益な助言を提示していただいた関係者の皆様、また、選挙の管理執行でのコロナ対策に関する有意義な取り組み事例の紹介を快諾いただいた各自治体の皆様に、この場を借りて厚く御礼を申し上げます。
　令和3年10月21日に任期が満了する衆議院議員の総選挙においてはもちろん、今後もしばらくの間は選挙の管理執行にコロナ対策が必須とされる状況が続くものと考えられます。コロナ禍であっても平常時と同様に、国民の皆さんが憲法で保障された選挙権を確実に行使できるよう、本書が選挙管理執行の現場で実務にあたられる選挙管理委員会の皆様の一助となることを願ってやみません。

　令和3年8月

一般社団法人 選挙制度実務研究会

代表理事　小島　勇人

目　次

第1章
特例郵便等投票制度の創設

　新型コロナウイルス感染症により入院中、または宿泊施設や自宅等で療養中の選挙人には外出自粛要請がなされており、要請期間中に選挙が執行される場合、投票所での投票が困難であるため、これらの方々の選挙権行使の機会が事実上奪われていることが大きな論議となっていました。また、選挙の管理執行を担う実務の現場での苦悩が続いていました。このような状況下、令和3年4月25日の国会議員の再選挙および補欠選挙を控えた3月に、北海道および札幌市の選挙管理委員会から「宿泊および自宅療養者の選挙権行使の機会を確保するため、郵便等による不在者投票の対象者とするよう制度改正を」との趣旨の要望が衆議院政治倫理の確立及び公職選挙法改正に関する特別委員長や参議院政治倫理の確立及び選挙制度に関する特別委員長等にだされたことも契機となって、外出自粛要請により選挙権行使の機会が実質的に奪われているという喫緊の立法事実について、各党間で議論が進められた結果、成案が得られ、第204回国会において議員立法として、特定患者等の郵便等を用いて行う投票方法の特例に関する法律（令和3年法律第82号。以下「特例法」という。）が制定されました。

　この特例法により、特定患者等の郵便等を用いて行う投票方法（以下「特例郵便等投票」という。）について、公職選挙法（昭和

25年法律第100号）の特例が定められました。

　また、特例郵便等投票の手続きの詳細等については、特定患者等の郵便等を用いて行う投票方法の特例に関する法律施行令（令和3年政令第175号。以下「特例令」という。）および特定患者等の郵便等を用いて行う投票方法の特例に関する法律施行規則（令和3年総務省令第61号。以下「特例則」という。）により定められました。

　一方、濃厚接触者については、特例郵便等投票の対象とはされてはいませんが、濃厚接触者が投票のために外出することは、「不要不急の外出」には、あたらず、投票所等において投票することが可能であることについて、国会審議においても明らかにされていることに留意が必要です。

1. 新型コロナウイルス感染症患者等の投票

　新型コロナウイルス感染症発生時に選挙を管理執行するにあたっては、当該選挙を管理執行する地方公共団体において、政府の「新型コロナウイルス感染症対策の基本方針」（令和2年2月25日新型コロナウイルス感染症対策本部決定）を踏まえ、手洗いや咳エチケット、手指消毒などの対策を徹底しつつ、従前と同様に公職選挙法の規定に基づいて選挙が公平かつ公正に執行されるよう努める必要があります。

　新型コロナウイルスに感染して病院または自宅や宿泊療養施設で療養中の選挙人については、公職選挙法上、投票所での投票を禁じる規定はありませんが、原則として外出自粛要請がなされているため、投票所に足を運んでの投票は事実上困難な状況となっ

ており、現実には選挙人の置かれている状況に応じて次の①〜④のいずれかの方法で投票をすることになります。

①病院に入院中の者	**不在者投票が可能** 不在者投票施設として都道府県選挙管理委員会に指定された病院において、病院長を不在者投票管理者とする不在者投票ができる。
②ホテル等の宿泊療養施設で療養中の者	**場合によっては不在者投票や期日前投票が可能** 宿泊療養施設内に市区町村の選挙管理委員会が期日前投票所や不在者投票記載場所を設けた場合、不在者投票や期日前投票ができる。
③自宅療養中の者	**要件を満たせば郵便等投票が可能** 重度の身体障害者または要介護5の者については、郵便等投票ができる。
④海外からの帰国者で検疫法による措置や要請を受け、宿泊施設や自宅等で待機している者	②、③と同じ

　しかし、期日前投票所や不在者投票記載場所が設けられない宿泊療養施設に入所中の者や、郵便等投票の要件を満たさない自宅療養者については、投票が事実上困難な状態となることから、前述のとおりこれらの者の投票機会を確保するため、当分の間の措置として特例法が制定され、自宅等で療養中の者のうち、上に掲げた表の②〜④に該当する者は、公職選挙法第49条第2項に定める郵便等による不在者投票の特例である特例郵便等投票ができることとされました。

2．特例郵便等投票の対象者

（1）特例法では、新型コロナウイルス感染症について「病原体が
　　ベータコロナウイルス属のコロナウイルス（令和 2 年 1 月に、
　　中華人民共和国から世界保健機関に対して、人に伝染する能力
　　を有することが新たに報告されたものに限る。）である感染症」
　　と定めるとともに、新型コロナウイルス感染症の患者または新
　　型コロナウイルス感染症の病原体に感染したおそれのあるも
　　のであって、次のいずれかに該当するものと定義しています。

①　感染症の予防及び感染症の患者に対する医療に関する法律
　　（平成10年法律第114号。以下「感染症法」といいます。）第44条
　　の 3 第 2 項、または検疫法（昭和26年法律第201号）第14条第
　　1 項（第 3 号に係る部分に限ります。）の規定による宿泊施設
　　または当該者の居宅もしくはこれに相当する場所から外出しな
　　いことの求め（以下「外出自粛要請」といいます。）を受けた者
②　検疫法第14条第 1 項第 1 号または第 2 号に掲げる措置（以
　　下「隔離・停留の措置」といいます。）により宿泊施設内に収容
　　されている者

（2）特例郵便等投票の対象者は、選挙人で、特定患者等であるも
　　の（以下「特定患者等選挙人」といいます。）とされています。
　　特定患者等選挙人は、政令で定めるところにより、その現在す
　　る場所において投票用紙に投票の記載をし、これを郵便等によ
　　り送付する方法により投票することができます。
　　　なお、濃厚接触者は、特例郵便等投票の対象ではないことに
　　留意する必要があります。

（3）特定患者等選挙人が、特例郵便等投票を行うためには、投票
　　用紙および投票用封筒の請求があったときに外出自粛要請ま
　　たは隔離・停留の措置に係る期間（以下「外出自粛要請等期
　　間」といいます。）が投票をしようとする選挙の期日の公示ま
　　たは告示の日の翌日から当該選挙の当日までの期間（以下「選
　　挙期間」といいます。）にかかると見込まれる必要があります。

（4）対象となる選挙

　　特例法の施行の日（令和3年6月23日）以後その期日を公示
　　されまたは告示される衆議院議員および参議院議員の選挙なら
　　びに地方公共団体の議会の議員および長の選挙が対象となります。
　　なお、在外選挙人名簿に登録されている特定患者等選挙人に
　　ついては、衆議院議員または参議院議員の選挙のみが対象です。

3．特例郵便等投票の手続きおよび方法

（1）特例郵便等投票をしようとする特定患者等選挙人は、請求の
　　時において外出自粛要請等期間が選挙期間にかかると見込ま
　　れるときは、当該選挙の期日前4日までに、その登録されて
　　いる選挙人名簿または在外選挙人名簿の属する市町村の選挙
　　管理委員会の委員長に対して、当該特定患者等選挙人が署名
　　（点字によるものを除きます。）をした文書により、かつ、外出
　　自粛要請または隔離・停留の措置に係る書面を提示して、投票
　　用紙および投票用封筒の交付を請求することができます。ただ
　　し、当該書面の提示をすることができない特別の事情があり、
　　かつ、理由を付してその旨を申し出た場合において、当該市町

村の選挙管理委員会の委員長が情報の提供を受けて当該特定患者等選挙人が特定患者等である旨および請求の時に外出自粛要請等期間が選挙期間にかかると見込まれる旨の確認をすることができるときは、当該確認をもって当該書面の提示に代えることができるものとされました。

　特例郵便等投票の手続きおよび方法は具体的には次のとおりです。

　なお、各選挙管理委員会では、その事務に遺漏のないようにするとともに、選挙人および在外選挙人に対して周知することが求められます。

　特に、特定患者等選挙人は、特例郵便等投票を行うにあたっては、新型コロナウイルス感染症の感染の拡大の防止に努めなければならないこととされています（特例法第 5 条）ので、特定患者等選挙人において感染拡大防止に必要となる措置について周知徹底する必要があります。

（2）投票用紙および投票用封筒の請求

① 投票用紙および投票用封筒の請求書等の入手

　ア　特例郵便等投票の投票用紙および投票用封筒（以下「投票用紙等」といいます。）の請求は、文書（以下「請求書」といいます。）により行う必要があります。

　　各市区町村の選挙管理委員会は、請求書の様式をホームページ等に掲載し、特定患者等選挙人が自らダウンロードおよび印刷ができるようにします。また、総務省のホームページ※にも請求書の様式が掲載されるほか、当該様式の電子データも配布されますので、必要に応じて活用することができます

（P.167〜168、別添 1 参照）。

※ https://www.soumu.go.jp/senkyo/senkyo_s/news/tokurei_yuubin.html

イ　特定患者等選挙人が請求書を郵送により送付するにあたっては、料金受取人払の方法とするよう日本郵便株式会社から要請されていますので料金受取人払とする場合は、各市区町村の選挙管理委員会について承認を受けた表示（以下「受取人払郵便物の表示」といいます。）をした封筒により郵送する必要があります（P.196〜197参照）。

　　市区町村の選挙管理委員会は、アの請求書の様式のほか、選挙の期日の公示または告示の日の一定期間前から選挙の期日前 4 日までの間、受取人払郵便物の表示の様式をホームページ等に掲載し、特定患者等選挙人が自らダウンロードおよび印刷し、私製の封筒に貼付等することができるようにします。当該様式の電子データも総務省から配布されますので、必要に応じて活用することができます。

ウ　特定患者等選挙人が請求書を郵送するにあたっては、請求書等を封入した封筒を、感染防止のため、更にファスナー付きの透明のケース等に封入するよう日本郵便株式会社から要請されていますので、特定患者等選挙人に対し、可能な限りファスナー付きの透明のケース等を用意するよう周知する必要があります（手元に当該ケース等がない特定患者等選挙人については、知人等に入手を依頼するよう促すことが考えられます。）。

　　なお、エのとおり、特定患者等選挙人においてファスナー付きの透明のケース等の入手が困難である場合は、手元にあ

る透明のケース、透明のビニール袋等に封入し、テープ等で密封することも差し支えないとされています。

エ　市区町村の選挙管理委員会は、特定患者等選挙人から電話等により求めがあった場合には、請求書、受取人払郵便物の表示をした封筒およびファスナー付きの透明のケース、使い捨てビニール袋等を特定患者等選挙人に対して郵送等により交付することとされています。

オ　選挙の執行を予定している選挙管理委員会は、保健所から自宅療養者に対して感染防止協力依頼書（感染症の予防及び感染症の患者に対する医療に関する法律施行規則（平成10年厚生省令第99号。以下「感染症法施行規則」といいます。）第23条の4第1項の書面をいいます。以下同じです。）を交付する際に、併せて請求書、受取人払郵便物の表示をした封筒およびファスナー付きの透明のケース等を交付（同封）するよう保健所に依頼することが考えられます。

したがって、依頼する場合には、これらのものを、あらかじめ保健所に交付しておく必要があります。

また、宿泊療養者に対しては、宿泊施設の職員等から請求書、受取人払郵便物の表示をした封筒およびファスナー付きの透明のケース等を配布するよう、都道府県の選挙管理委員会を通じて宿泊施設を運営する都道府県の保健福祉部局等と連携して取り組むことが求められます。

② 請求書の記載

ア　請求は、選挙の期日前4日までに、その登録されている選

挙人名簿または在外選挙人名簿の属する市区町村の選挙管理委員会の委員長に対して行う必要がありますので、取り分け市区町村の選挙においては早めの請求を促すことが求められます。なお、選挙の期日の公示または告示日以前においても請求することができます。

イ　請求書の記載（封筒への封入等を含みます。）にあたっては、作業前に必ず手指の衛生のための消毒を行うとともに、マスクや清潔な使い捨て手袋を着用することが望ましいとされていますので、特定患者等選挙人に対し、別添10（P.183〜186参照）の啓発素材等によりその徹底を周知する必要があります。

ウ　請求書には、特定患者等選挙人本人が署名（点字によるものを除きます。）する必要があります。

　　したがって、本人以外の者による氏名の代筆による請求は認められないことを周知する必要があります。

③ 書面の提示等

ア　請求にあたっては、外出自粛要請または隔離・停留の措置に係る書面を提示（同封）する必要があります。

　　当該書面とは、具体的には、次に掲げる書面をいいます。

a．感染防止協力依頼書（P.173、別添 4 参照）

b．検疫法による外出自粛要請（同法第14条第 1 項第 3 号）に係る書面（同法施行規則（昭和26年厚生省令第53号）第 4 条の 3 ）（P.174〜176、別添 5・6 参照）

※　別添5の書面は、検疫所名が表示された状態で交付されます。

　　c．検疫法による隔離・停留の措置（同法第14条第1項第1
　　　号または第2号）により宿泊施設内に収容されている者で
　　　あることを検疫所長が証する書面（P.177〜178、別添7・
　　　8参照）

　　d．感染症法第18条第1項の規定による就業制限の通知に係
　　　る書面（以下「就業制限通知書」といいます。）

※　dの就業制限通知書については、感染症法第18条第1項の規定による就業制限の通
　知を受けた者は、同法上、外出自粛要請または同法第26条第2項において読み替えて
　準用する同法第19条第1項の規定による入院の勧告もしくは同条第3項の規定による
　入院の措置等を受けます（自宅療養者、宿泊療養者または入院患者のいずれかとなり
　ます。）ので、選挙人が入院患者であると疑われる場合には、個別に確認を行うことに
　なります。

　　上記の書面は、差し迫った必要がある場合等には、投票用
紙等の請求のときに特定患者等に交付されていない場合があ
ります（感染症法施行規則第23条の4第1項ただし書等参
照）。このように、上記の書面を提示することができない特別
の事情がある場合は、特定患者等選挙人が、その旨を理由を
付して申し出なければなりません（(3)②エb.参照）。

イ　特定患者等選挙人が、公職選挙法第9条第3項の規定によ
　り都道府県の議会の議員または長の選挙の選挙権を有する者
　である場合には、引続居住証明書類の提示または引き続き当
　該都道府県の区域内に住所を有することの確認の申請をする
　必要があります。

　　また、特定患者等選挙人が選挙人名簿登録証明書、南極選
　挙人証または在外選挙人証の交付を受けている場合は、投票
　用紙等の請求にあたり、これらを併せて提示する必要があり
　ます（南極選挙人証については衆議院議員の総選挙または参

議院議員の通常選挙において請求する場合、在外選挙人証については衆議院議員または参議院議員の選挙において請求する場合のみに限られます。)。

なお、これらの書面については、提示等を要しますので、ファクシミリやオンラインによる請求はできません。

④ 請求書等の郵送等

　ア　請求書等を郵送する場合は、日本郵便株式会社からの要請を踏まえ、できる限り次の方法により発送するよう周知する必要があります。

　　a．請求書および添付書類を受取人払郵便物の表示をした封筒に封入し、当該封筒の表面の「請求書在中・投票在中」の「請求書在中」に○の記号を記載するなどして選択します。

　　b．a.の封筒を更にファスナー付きの透明のケース等に封入し、当該ケースの表面を、アルコール消毒液を吹きかけて拭きとる等により消毒します。

　　　なお、ファスナー付きの透明のケース等の入手が困難である場合は、手元にある透明のケース、透明のビニール袋等に封入し、テープ等で密封し、当該ビニール袋等の表面を消毒することも差し支えありません。

　　c．b.を郵便ポストに投かんします。

　イ　c.について、患者が請求書等を郵送する場合は、同居人、知人等（患者でない者）に投かんを依頼することとなります。

　　　その際、当該投かんを担う人は、次の点に留意するよう周知することが求められます。

　　・忘れず、速やかに投かんすること。

- 患者と接触せずに受け渡しを行うこと。
- 必ず作業前後での手指の衛生のための消毒とマスクの着用を行うこと。更に、使い捨て手袋の着用が望ましく、この場合は、投かん後に直ちに他のごみ等に混在させないよう分類して、廃棄する必要があります。

　なお、当該同居人が濃厚接触者である場合も、郵便ポストへの投かんについては、「不要不急の外出」にはあたらず、当該同居人に投かんを依頼することは可能です。

　また、投かんは、患者本人が依頼することが原則ですが、一人暮らしをしている等の理由により、投かんを依頼できる人もいない等の理由により、やむを得ず同居人、知人等に投かんを依頼できない旨の相談が選挙管理委員会にあったときは、必要な援助について個々の地域の実情に応じて検討されることになります。

　更に、宿泊療養者が請求書等を郵送する場合は、宿泊施設の職員等が代わりに投かんするよう、各選挙管理委員会と宿泊施設を運用する都道府県の保健福祉部局等との間で連携が図られる必要があります。

（3）投票用紙等の交付

① 選挙人名簿等との対照等

　ア　市区町村の選挙管理委員会の委員長は、投票用紙等の請求を受けた場合は、請求者が選挙人名簿または在外選挙人名簿に登録されているかどうかを選挙人名簿もしくはその抄本または在外選挙人名簿もしくはその抄本と対照します。

イ　都道府県の議会の議員または長の選挙においては、請求者
　　が公職選挙法第9条第3項の規定により都道府県の議会の議
　　員または長の選挙の選挙権を有する者である場合にあって
　　は、次のいずれかの方法により確認します。
　　a．提示された引続居住証明書類を確認する。
　　b．住民基本台帳法（昭和42年法律第81号）第30条の10第
　　　1項（第1号に係る部分に限ります。）の規定により地方
　　　公共団体情報システム機構から提供を受けた機構保存本人
　　　確認情報に基づき引き続き当該都道府県の区域内に住所を
　　　有することを確認する。

② 特定患者等であること等の確認
　ア　市区町村の選挙管理委員会の委員長は、提示された外出自
　　粛要請または隔離・停留の措置に係る書面により、次の2点
　　を確認します。
　　a．請求者が、特定患者等であること。
　　b．請求の時において外出自粛要請等期間が選挙期間にかか
　　　ると見込まれること。

　イ　a.の確認は、就業制限通知の提示があった場合に、請求書
　　に記載された送付先の住所が病院であるなど、入院患者から
　　の請求である可能性があるときは、特例法第4条の規定によ
　　る市区町村の選挙管理委員会からの求めに対する保健所等か
　　らの情報提供により、当該請求者が2.（1）の特定患者等で
　　あること（外出自粛要請等を受けていること）を確認します。

　ウ　b.の確認は、次の方法によることが考えられます。

　　なお、たとえ外出自粛要請等期間が選挙期間にかかる場合であっても、投票用紙等の請求時点で既に外出自粛要請等期間が終了している場合には、特例郵便等投票を行うことはできないことに留意する必要があります。

　a．提示された外出自粛要請または隔離・停留の措置に係る書面の「協力を求める期間」に終期が明記されている場合には、形式的に当該期間が選挙期間にかかると見込まれることを確認します。

　b．「協力を求める期間」に退院基準※のみが記載されており、特定の日が終期として記載されていない場合は、当該退院基準に照らして外出自粛要請等期間が選挙期間にかかる蓋然性があることを確認します。

　　なお、この「蓋然性」については、特定患者等選挙人の投票機会を確保しようとする特例法の趣旨に鑑み、厳格に解する必要はないとされていますが、市区町村の選挙管理委員会の委員長において明らかに外出自粛要請等期間が選挙期間にかからないと判断する場合には、エにより個別に情報の提供を求めて確認することとなります。

※「感染症の予防及び感染症の患者に対する医療に関する法律における新型コロナウイルス感染症患者の退院及び就業制限の取扱いについて」（令和2年2月6日健感発0206第1号厚生労働省健康局結核感染症課長通知。令和3年2月25日最終改正）に定める期間（P.179、別添9参照）

エ　情報の提供

　a．市区町村の選挙管理委員会の委員長から特例郵便等投票に係る情報の提供の求めがあったとき、その他特例郵便等投票に関する事務の円滑な実施のために必要があると認め

るときは、都道府県知事（保健所を設置する市または特別区にあっては、市長または区長）または検疫所長は、市区町村の選挙管理委員会の委員長に対して、当該事務の実施に必要な範囲内において、当該事務に必要な情報を提供することができます。

b. 市区町村の選挙管理委員会の委員長は、次のような場合には、当該情報の提供により、請求者が特定患者等である旨および請求のときに外出自粛要請等期間が選挙期間にかかると見込まれる旨の確認（以下「特定患者等であること等の確認」といいます。）を行うこととなります。

（a） 請求者において、書面の提示をすることができない特別の事情があり、かつ、その旨を理由を付して申し出た場合

（b） 特定患者等選挙人が提示した書面のみでは特定患者等であること等の確認ができない場合

c. この情報の提供は、特定患者等選挙人から求めがあった場合に個別に行う方法に限られていませんので、たとえば、差し迫った必要があるなどの理由により、保健所において外出自粛要請に係る期間の開始と同時に外出自粛要請に係る書面の交付ができていないなどの場合には、保健所から市区町村の選挙管理委員会に対し、あらかじめ、当該市区町村の外出自粛要請を受けている者のリスト（以下「対象者リスト」といいます。）を、選挙期間中交付し、市区町村の選挙管理委員会において、請求書と対象者リストを照合することで、b.の確認を行うことも考えられます。

なお、c.の方法は、差し迫った必要があるなどの理由に

より、外出自粛要請に係る書面の交付ができておらず、特定患者等選挙人から求めがあった場合に個別に情報の提供を行う方法によることも困難であるときに許容される方法であることに留意が必要です。

　　保健所を設置する市または特別区においては、選挙管理委員会の職員を保健所の職員に併任等することにより、保健所の職員として、システム等により特定患者等であること等の確認を行うことも考えられます。

③ 投票用紙等の発送

　ア　市区町村の選挙管理委員会の委員長は、①および②の後、投票用封筒の表面に当該選挙の種類を記入し、直ちに（選挙の期日の公示または告示の日以前に請求を受けた場合には、当該選挙の期日の公示または告示の日以前において市区町村の選挙管理委員会の定める日以後直ちに）投票用紙および投票用封筒を当該特定患者等選挙人に郵便等をもって発送しなければなりません。

　　この場合において、投票用紙等の請求時に選挙人名簿登録証明書、南極選挙人証または在外選挙人証の提示を受けたときは、当該選挙の種類および期日並びに当該選挙の特例郵便等投票の投票用紙および投票用封筒を交付した旨を記入しなければなりません。

　イ　投票用紙等の発送にあたっては、次のものを確実に同封してください。
　　a．投票用紙および投票用封筒（内封筒および外封筒）
　　b．受取人払郵便物の表示をした返信用封筒（速達扱いとす

ること。）

  c．ファスナー付きの透明のケース等（b.を入れるためのもの）

  d．特定患者等選挙人から外出自粛要請または隔離・停留の
  措置に係る書面を提示されたときは、当該書面

  e．特定患者等選挙人から選挙人名簿登録証明書、南極選挙
  人証または在外選挙人証を提示されたときは、アにおいて
  所定事項を記入した当該証明書等

 ウ　自宅療養者に対して投票用紙等を郵送する場合、自宅療養
  者本人への確実な交付を担保する観点から、追跡記録を残す
  ため、レターパック、書留等によることが考えられます（書
  留による場合は、速達扱いとします。）。

  この場合、非対面配達によるよう日本郵便株式会社から要
  請されていますので、次の表示をする必要があります。

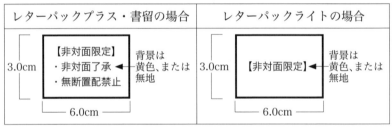

備考
1　上記表示は、郵便物等の表面に明瞭に表示すること。
　　※料額印面部、追跡番号等を隠さないように表示すること。
　　※可能な限り、届け先欄の付近に表示すること。
2　表示の大きさは、上記を最小とする。
3　背景は黄色とするが、カラー印刷が困難な場合は白黒としても差し支えない。
4　郵便物等の表面に受取人の電話番号を記入すること。

 エ　宿泊療養者に対して投票用紙等を郵送する場合、特定患者
  等選挙人に確実に送付できるよう、宛名欄には「気付」表示

をします（「○○ホテル　気付　△△　□□様（受取人の氏名）」等）。

　この場合、宿泊施設の職員等が使者として代わって受領することとなりますので、都道府県の選挙管理委員会は、宿泊施設を運営する都道府県の保健福祉部局等と連携し、代わって受領した投票用紙等を宿泊療養者本人に確実に交付するよう、宿泊施設の職員等に周知徹底する必要があります。

（４）特例郵便等投票の方法

① 投票の記載

　ア　（３）により投票用紙等の交付を受けた選挙人は、選挙の期日の公示または告示があった日の翌日以後、その現在する場所において、投票用紙に自ら[※1]当該選挙の公職の候補者一人の氏名[※2]を記載しなければなりません。

　　※1　特例郵便等投票においては、代理記載制度（公職選挙法第49条第3項参照）は設けられていません。
　　※2　衆議院比例代表選出議員の選挙にあっては一の衆議院名簿届出政党等の公職選挙法第86条の2第1項の規定による届出に係る名称または略称、参議院比例代表選出議員の選挙にあっては公職の候補者たる参議院名簿登載者一人の氏名または一の参議院名簿届出政党等の同法第86条の3第1項の規定による届出に係る名称もしくは略称。

　イ　投票の記載（封筒への封入等を含みます。）にあたっては、請求書の記載（(2)②イ）と同様に、特定患者等選挙人が、作業前に必ず手指の衛生のための消毒を行うとともに、マスクや清潔な使い捨て手袋を着用することが望ましいので、特定患者等選挙人に対し、その徹底を周知する必要があります。

② 投票の送付

　ア　特例郵便等投票は、投票用紙等の交付を受けた市区町村の

選挙管理委員会の委員長に対し、当該選挙人が属する投票区の投票所（当該投票区が指定関係投票区等である場合には、当該投票区に係る指定投票区の投票所）または指定在外選挙投票区の投票所を閉じる時刻までに（特例令第2条第1項において読み替えて適用する）公職選挙法施行令第60条第2項の規定による投票の送致ができるように、郵便等をもって送付しなければなりませんので、投票の記載等をした後、できるだけ早期に送付をするよう周知する必要があります。

イ　特定患者等選挙人が特例郵便等投票を郵送する場合は、日本郵便株式会社の要請も踏まえ、次の方法によるよう周知する必要があります。

　　a．特定患者等選挙人は、①により記載した投票用紙を内封筒に入れて封をし、更に外封筒に入れて封をする。

　　b．a.により封をした外封筒の表面に投票の記載の年月日および場所を記載し、氏名欄に署名（点字によるものを除きます。）する。

　　c．b.の外封筒を更に市区町村の選挙管理委員会から交付された受取人払郵便物の表示をした返信用封筒に封入し、当該封筒の表面の「請求書在中・投票在中」の「投票在中」に〇の記号を記載するなどして選択する。

　　d．c.の封筒を更に市区町村の選挙管理委員会から交付されたファスナー付きの透明のケース等に封入し、当該ケースの表面を、アルコール消毒液を吹きかけて拭きとる等により消毒する。

　　e．d.を郵便ポストに投かんする。

ウ　上記のe.について、患者が特例郵便等投票を郵送する場合の郵便ポストへの投かんは、請求書等の郵送の場合（(2)④イ）と同様に、同居人や知人等または宿泊施設の職員等に投かんを依頼することとなります。

（5）特例郵便等投票の送致等

特例郵便等投票の送致等については、公職選挙法第49条第2項の規定による郵便等による不在者投票の場合と基本的に同様ですが、その概要は、次のとおりです。

① 特例郵便等投票の送致

市区町村の選挙管理委員会の委員長は、特例郵便等投票の送付を受けた場合には、これを選挙人が属する投票区（在外選挙人の投票にあっては、指定在外選挙投票区）の投票管理者（当該投票区が指定関係投票区等である場合には、当該投票区に係る指定投票区の投票管理者）に、当該投票管理者に係る投票所を開いた時刻以後直ちに送致しなければなりません。

② 不在者投票に関する調書

ア　特定患者等選挙人が登録されている選挙人名簿または在外選挙人名簿の属する市区町村の選挙管理委員会の委員長は、不在者投票事務処理簿に、特例令第1条第1項から第3項までの規定によりとった措置の明細についても記載しなければなりません。

イ　市区町村の選挙管理委員会の委員長は、特例則第3条に基づき不在者投票に関する調書に、アの不在者投票事務処理簿

に基づき特例郵便等投票に係る概略についても記載します。

③ 投票所の閉鎖前に送致を受けた特例郵便等投票の措置

　投票管理者（指定関係投票区等（指定在外選挙投票区である指定関係投票区等を除きます。）の投票管理者を除く。④において同じです。）は、投票所を閉じる時刻までに①による特例郵便等投票の送致を受けた場合には、送致に用いられた封筒を開いて、その中に入っている投票を一時そのまま保管しなければなりません。

④ 特例郵便等投票の受理不受理の決定

　ア　投票管理者は、投票箱を閉じる前に、投票立会人の意見を聴いて、③により保管する投票が受理することができるものであるかどうかを決定しなければなりません。

　イ　投票管理者は、アにより受理の決定を受けた投票については、投票用封筒を開いて、直ちにこれを投票箱に入れなければなりません。また、アにより受理すべきでないと決定された投票については、更にこれをその投票送致用封筒に入れて仮に封をし、その表面に公職選挙法施行令第63条第1項の規定による不受理の決定があった旨を記載し、これを投票箱に入れなければなりません。

⑤ 特例郵便等投票の投票用紙等の返還等

　ア　交付を受けた投票用紙等は、投票所、共通投票所および期日前投票所においては、使用することができません。

　イ　投票用紙等の交付を受けた場合において、特例郵便等投票をしなかったときは、その投票用紙等を返して、当日投票または期日前投票（在外選挙人にあっては、公職選挙法第49条

の2第1項の規定による投票を含みます。）をすることができます。

　　また、これらの投票をもしなかったときは、速やかにその投票用紙等をその交付を受けた市区町村の選挙管理委員会の委員長に返さなければなりません。

⑥ **投票所閉鎖後に送致を受けた特例郵便等投票の措置**

　投票管理者は、投票所を閉じるべき時刻を経過した後に①による投票の送致を受けた場合には、送致に用いられた封筒を開いて、投票用封筒の裏面に受け取った年月日および時刻を記載し、これを開票管理者に送致しなければなりません。

4．特例郵便等投票に係る市区町村の選挙管理委員会、投票所および開票所における感染防止措置

　市区町村の選挙管理委員会、投票所および開票所においては、特定患者等選挙人の請求書等または投票用紙等を取り扱うこととなりますので、次に掲げる感染防止措置を講じる必要があります。

① 作業前後の手指の衛生のための消毒およびマスクの着用を行うこと。更に、清潔な使い捨て手袋の着用が望ましく、この場合は、作業後、直ちに他のごみ等に混在させないよう分類して廃棄すること。

② 定期的な換気の励行（窓の開放による場合、換気回数を毎時2回以上（30分に1回以上、数分間程度、窓を全開する。）とすること。また、空気の流れを作るため、複数の窓がある場合、2方向の壁の窓を開放すること。窓が1つしかない場合は、ド

アを開けること※。)

※「「換気の悪い密閉空間」を改善するための換気の方法（リーフレット）」（令和2年4月5日改訂）https://www.mhlw.go.jp/content/10900000/000618969.pdf

③ その他、「選挙の管理執行における新型コロナウイルス感染症への対応について」（令和2年2月26日付け総行管第76号各都道府県選挙管理委員会委員長宛て総務省自治行政局選挙部長通知）等の累次の通知（P.198〜210参照）および事務連絡において示されている感染防止対策を徹底する必要があります。

※　なお、新型コロナウイルスの残存期間に係る次の報告も踏まえ、作業前後の手指の衛生のための消毒の徹底等を前提として、請求書等および投票用紙等の消毒は不要と考えられます。

・ プラスチックの表面では最大72時間、ボール紙では最大24時間生存するなどありますが、表面との接触による感染は具体的な報告がありません（世界保健機関）。

・ ステンレス、プラスチック、ガラス等は、屋内で3日（72時間）以内に99％減少します。表面との接触による感染は主要な感染経路ではなく、リスクは低いとされています(米国疾病予防管理センター)。

5．特例郵便等投票に係る選挙管理委員会、保健所等における運用上の留意事項

（1）選挙管理委員会における準備

① 料金受取人払の承認請求

ア　3.（2）①イのとおり、特例郵便等投票においては、特定患者等選挙人から市区町村の選挙管理委員会の委員長に対する投票用紙等の請求および投票の郵送には、料金受取人払の方法によるよう日本郵便株式会社から要請されています。

イ　料金受取人払の方法による場合は、内国郵便約款第61条の規定により、受取人である各市区町村の選挙管理委員会が、あらかじめ受取人払取扱郵便局に対して承認の請求を行い、その承認を受けなければなりません。

　　また、料金受取人払の承認を受けようとする場合、日本郵便株式会社所定の書面にその請求に係る表示の見本を添えて受取人払取扱局に提出する必要がありますので、各市区町村の選挙管理委員会は、「料金受取人払承認請求書」（P.171〜172、別添3参照）を作成するとともに、受取人払郵便物の表示をした見本を作成し、受取人払取扱局に承認の請求を行います。

※　料金受取人払は、受取人払郵便物に用いるべき封筒の数量が100通以上であることが利用の条件であるため、特定患者等選挙人が100人に満たない場合であっても、その後の増加が見込まれるものとして、封筒の数量は100通以上として請求してください。なお、この取り扱いは、日本郵便株式会社から了解がなされています。

ウ　日本郵便株式会社の承認には、一定の時間を要しますので、特に直近に選挙の執行を予定している市区町村の選挙管理委員会においては、速やかにその承認の請求を行う必要があります。

エ　承認を受けた場合には、イにより作成した受取人払郵便物の表示をした封筒に、受取人払取扱局から指示された承認番号の表示を行い、ホームページ等にその様式を掲載等すると

ともに、投票用紙等の交付の際に当該封筒を同封します。

② 物資の調達

　ア　特例郵便等投票には、少なくとも次の物資の調達が必要と
　　なりますので、各選挙管理委員会においては、選挙の執行に
　　間に合うようにその調達を行う必要があります。

　　a．投票用封筒（外封筒および内封筒）

　　※　特例郵便等投票に用いる投票用封筒の様式は、公職選挙法第49条第2項の規定によ
　　　る郵便等による不在者投票に用いる投票用封筒の様式と同一です。

　　b．受取人払郵便物の表示をした返信用封筒

　　c．ファスナー付きの透明のケース等

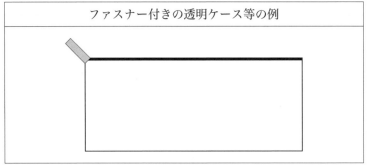

ファスナー付きの透明ケース等の例

備考
1　郵便物より一回り大きな大きさとすること。
2　内容物となる郵便物の宛名等を視認できるように外装の色は透明とすること。
3　消毒を行うため、濡れに強い材質であること。
4　内容品を確実に密封できるようにファスナー付きのものとすること。
5　輸送等作業中に万が一にも破損しないような一定の強度とすること。

　イ　各選挙管理委員会において、管内の特定患者等選挙人の人
　　数を把握していない場合は、物資の調達に必要となりますの
　　で、あらかじめ保健所に情報提供を求める必要があります。

③ 選挙人に対する周知

ア　各選挙管理委員会においては、保健所が感染防止協力依頼書を交付する際等に、感染防止協力依頼書に併せてチラシを同封する等により自宅療養者に対して啓発素材を配布できるよう、保健所と連携して取り組むよう努める必要があります（更に、直近に選挙の執行を予定している場合には、請求書、受取人払郵便物の表示をした封筒またはその様式およびファスナー付きの透明のケース等を交付することが望ましいと考えられます。）。

　　また、宿泊療養者に対しては、宿泊施設において啓発素材を配布するよう、宿泊施設を運営する都道府県の保健福祉部局等と連携して取り組むことになります（更に、請求書、受取人払郵便物の表示をした封筒およびファスナー付きの透明のケース等を宿泊施設に備え付ける等して配布します。）。

イ　総務省において、投票の手続きや方法を解説した啓発素材を作成していますので、各選挙管理委員会においては、必要に応じて活用することができます。また、各保健福祉部局においては、宿泊療養者または自宅療養者への案内を記したホームページ等がある場合には、総務省の作成した投票の手続きや方法を解説したホームページのリンク※を貼ること等により、周知に協力するよう求められています。

※　https://www.soumu.go.jp/senkyo/senkyo_s/news/tokurei_yuubin.html

ウ　各選挙管理委員会においては、ホームページへの掲載、投票所入場券への記載（投票所入場券を送付する際に啓発素材を同封する方法を含みます。）など、各種媒体を活用し、特定患者等選挙人のみならず、住民に広く特例郵便等投票制度に

ついて周知します。その中で、特例郵便等投票の手続きにおいては、公正確保のため、他人の投票に対する干渉や、なりすまし等詐欺の方法による投票について、公職選挙法上の罰則（投票干渉罪、詐偽投票罪）が設けられていることについても周知します。

また、「6.濃厚接触者の投票」に記載する濃厚接触者の投票に関する取り扱いについても、投票所入場券への記載等により周知する必要があります。

（2）感染防止協力依頼書の交付の徹底

都道府県知事（保健所を設置する市または特別区にあっては、市長または区長）においては、感染症法第44条の3第2項の規定により協力を求める場合には、感染症法施行規則第23条の4第1項の規定に基づき、求める協力の内容、協力を求める期間およびこれらの理由を書面により通知することとされています。同項において、当該事項を書面により通知しないで感染の防止に必要な協力を求めるべき差し迫った必要がある場合は、この限りでないこととされていますが、同条第2項において、この場合には、できる限り速やかに交付しなければならないこととされており、特定患者等選挙人は、交付された書面を提示することにより、投票用紙等の請求を選挙の期日前4日までに行わなければならないこととされていることに留意する必要があります。

また、当該書面には、別添4（P.173参照）に準じ、名あて人を明記するとともに、後述の事項を市区町村の選挙管理委員会が一見して分かるように、明確かつ確実に記載することが求められています。感染防止協力依頼書は、これらの内容が記載されるもの

であれば、別添4に準じた様式に限らず、各地方公共団体におい
て定めた様式を用いて差し支えないとされています。

　なお、一時的に感染防止協力依頼書の発行業務が選挙に起因し
て急増する場合の職員への超過勤務手当や臨時的に雇用する職員
の賃金に要する経費については、国政選挙においては国庫が負担
するものであり、国会議員の選挙等の執行経費の基準に関する法
律（昭和25年法律第179号）に基づき交付される選挙執行委託費
により措置されることとなります。

（3）選挙管理委員会、保健所および都道府県の保健福祉部局等の連携

① 連絡体制の構築

　ア　市区町村の選挙管理委員会と保健所は、特例郵便等投票に
　　関する事務の実施にあたり、緊密に連携する必要があります
　　ので、あらかじめ連絡窓口を把握しておくなど、連絡体制を
　　構築する必要があります。

　イ　都道府県の保健福祉部局等は、当該都道府県の選挙管理委
　　員会と連携し、市区町村の選挙管理委員会と保健所との連絡
　　体制を構築するにあたって必要な支援を行うことが求められ
　　ています。

② 感染防止協力依頼書の交付に係る全庁的な体制の構築

　　現下の感染状況においては、感染症法施行規則第23条の4第
　1項の「感染の防止に必要な協力を求めるべき差し迫った必要
　がある場合」に該当するものとして、感染防止協力依頼書を直
　ちに交付できていない場合もあると考えられます。

各地方公共団体の保健福祉部局および保健所においては、引き続き感染拡大防止対策に取り組む必要があり、感染防止協力依頼書の交付への対応が難しいことも考えられますので、各地方公共団体においては、保健福祉部局および保健所の業務の状況に鑑み、感染防止協力依頼書の交付の実施に向けて、全庁的な体制の構築に取り組むことが求められます。

　仮に感染防止協力依頼書の交付が難しい場合は、③に記載する情報の提供について対応を行ってください。

③ 保健所の選挙管理委員会に対する情報の提供

　ア　特例法第4条の規定により、都道府県知事（保健所を設置する市または特別区にあっては、市長または区長）は、市区町村の選挙管理委員会の委員長から特例郵便等投票に係る情報の提供の申し出があったとき、その他特例郵便等投票に関する事務の円滑な実施のために必要があると認めるときは、市区町村の選挙管理委員会の委員長に対して、特例郵便等投票に関する事務の実施に必要な範囲内において、当該事務に必要な情報を提供することができることとされたことを踏まえ、市区町村の選挙管理委員会と緊密に連携することが求められています。

　イ　保健所は、市区町村の選挙管理委員会から、特定患者等であること等の確認をするために情報の提供の申し出があったときは、投票用紙等の交付に係る事務は短い選挙期間の中で迅速に行う必要があることに鑑み、速やかに必要な情報を提供するよう努めることとされています。

ウ　保健所を設置する市または特別区の選挙管理委員会は、当該保健所に対し、当該市または特別区の感染防止協力依頼書の様式、交付状況等に係る情報の提供を求めるとともに、感染防止協力依頼書が直ちに交付されていない状況がある場合には、特定患者等であること等の確認のために当該保健所に求める情報の提供の内容をあらかじめ確認しておいてください。

エ　都道府県の選挙管理委員会は、当該都道府県の保健福祉部局等に対し、当該都道府県の感染防止協力依頼書の様式、交付状況等に係る情報の提供を求めるとともに、感染防止協力依頼書が直ちに交付されていない状況がある場合には、市区町村の選挙管理委員会が特定患者等であること等の確認のために当該都道府県の保健所に求めるべき情報の提供の内容をあらかじめ確認しておくことが求められています。

　　また、これらの情報について、都道府県の選挙管理委員会にあっては管内の市町村の選挙管理委員会に、都道府県の保健福祉部局等にあっては当該都道府県の保健所に、それぞれ周知することとされています。

④　周知等における連携

　各選挙管理委員会と保健所は、特例郵便等投票制度の周知、請求書等の配布等について、連携して取り組むよう努めることとされています。

6．濃厚接触者の投票

　濃厚接触者は、新型コロナウイルスに感染していることが確認

された人と近距離で接触、あるいは長時間接触し、感染の可能性が相対的に高くなっている人を指すとされています。

　濃厚接触者かどうかを判断する上で重要な要素は、①距離の近さと、②時間の長さです。必要な感染予防策をせずに手を触れること、または対面で互いに手を伸ばしたら届く距離（1m程度以内）で15分以上接触があった場合に濃厚接触者と考えられています（「新型コロナウイルスに関するQ＆A（一般の方向け）厚生労働省」）。

（1）濃厚接触者は、検査結果は陰性であることから、「不要不急の外出」等を控えるよう要請されてはいるものの、制度上、宿泊療養や自宅療養の協力要請に従わない場合に入院勧告、入院措置等の対象となりうる患者とは、その取り扱いに差があります。

　　もとより、濃厚接触者が投票のために外出することは国会審議において「不要不急の外出」にはあたらず投票所等において投票することが可能とされています。

　　この場合、各投票所等においては（3）に掲げる基本的な感染防止対策を徹底するとともに、濃厚接触者が自ら、手指の衛生のための消毒およびマスク着用といった感染防止対策を講じることが必要です。

（2）保健所および各選挙管理委員会は、濃厚接触者から投票について相談があった場合には、（1）について説明することが求められます。

　　併せて、投票にあたっては、①自身の体調や感染防止対策に十分注意すること、②投票所等において必要な感染防止対策等

を求める場合があること、③投票所等に移動する際は、公共交通機関以外の方法によることについて説明する必要があります。

（3）投票所等においては、総務省選挙部から発出された令和 2 年 2 月 26 日付け通知以降の累次の通知および事務連絡を参照し、定期的・積極的な換気、消毒液の設置、人と人との距離の確保などの基本的な感染防止対策を徹底することが求められます。

（4）投票所等において、濃厚接触者から申告があった場合には、投票管理者等は地域の実情に応じて、たとえば、次の方法により投票させることも考えられます。

・ 濃厚接触者に投票の記載前に手指の衛生のための消毒およびマスクの着用をしてもらうとともに、可能であれば清潔な使い捨て手袋を着用してもらいます。

・ 濃厚接触者の次順位以降の受付順の選挙人には一定時間待機してもらうとともに、濃厚接触者は別室で待機し、他の選挙人が少なくなった際に投票してもらうなど、濃厚接触者とその他の選挙人の投票を時間的に分けることとします。

（5）各選挙管理委員会は、（1）のとおり、濃厚接触者が投票所等において投票することが可能であることについて、投票管理者、投票立会人、投票事務従事者および選挙人に対して周知を徹底することが求められています。

第2章

選挙の管理執行における新型コロナ ウイルス感染症対策

1．選挙管理委員会委員および事務局職員の体制

　政府は、新型コロナウイルス感染症拡大防止の観点から、感染拡大期には多数の人が集まるようなスポーツや文化イベント等の中止や延期または規模縮小等の要請をしていますが、選挙の管理執行は中止、延期等の対象に含まれていません。したがって、新型コロナウイルス感染症が発生している期間、または感染が拡大して、まん延防止等重点区域の指定なり緊急事態宣言が発令されている期間であっても、原則のとおり選挙を管理執行しなければなりません。執行にあたっては、公職選挙法など関連法令の規定に従うとともに、保健所および保健福祉部局等と緊密な連携を取りながら、適切な対応を図る必要があります。

　選挙の管理執行事務における新型コロナウイルス感染症対策の基本は、選挙管理委員会委員および同事務局職員の体制に万全を期することです。委員が感染者または濃厚接触者（以下、「感染者等」といいます。）であることが判明することにより、入院や自宅待機を余儀なくされるなどして、委員会開催の定足数である3人以上の委員を招集できない場合に備え、委員の補充員との連絡体制を早急に整えておくとともに、委員長の専決処分（2.参照）に

ついても検討しておくことが適切です。

　また、事務局職員が感染者等であることが判明し、入院や自宅待機を余儀なくされた場合への備えとして、代替する職員の職務分担や連絡体制を定めておき、業務に支障のないよう対策を講じておくことも必要です。なお、万が一、職員の大半が入院や、自宅もしくは宿泊療養施設での待機を余儀なくされた場合に備えて、あらかじめ選挙の管理執行事務を経験した職員と連絡をとって協力を要請しておくことなど、全庁的な対策を講じることも求められます。

２．選挙管理委員会の開催と委員長の専決処分

　選挙管理委員会には、公職選挙法等に規定する法定議決事項が少なからずあり、たとえ緊急事態宣言発令期間中であっても、それらの議決のために必要最小限の委員会は開催しなければなりません。委員会の会議を開催する際には、当然のことながら、委員・職員ともにマスクの着用、手指消毒など感染防止対策を徹底する必要があります。

　なお、委員が一堂に会しての会議を開催せず、いわゆる持ち回り審議（職員等が議案等の議決案件に係る書類を各委員の自宅などに持ち回って決裁を受ける方法での審議）で選挙管理委員会としての意思決定はできません。というのも地方自治法第188条で選挙管理委員会は委員長がこれを招集することとされ、同法第189条第１項で選挙管理委員会は３人以上の委員が出席しなければ会議を開くことができないとされています。持ち回り審議はここでいう「出席」には該当しないと考えられます。

一方、地方自治法施行令第137条第1項では、

① 選挙管理委員会が成立しないとき

② 委員会を招集する暇がないと認めるとき

③ 地方自治法第189条第2項の規定による除斥のため同条第3項の規定※により臨時に補充員を委員に充ててもなお会議を開くことができないとき

に限って、委員長が専決処分をすることができると規定されています。したがって、いわゆる「三密」を回避し、感染拡大防止のために、一堂に会しての会議を開催しないのであれば、「①選挙管理委員会が成立しないとき」もしくは「②委員会を招集する暇がないと認めるとき」と認め、委員長の専決処分とするのが適当といえます。なお、委員会を開催せず、専決処分とした場合、委員長は次の会議においてこれを委員会に報告し、その承認を求めなければならないこととされています（長の専決処分に係る行政実例（昭和21年12月27日地発乙第641号、昭和26年8月15日地自行第217号）ですが、専決処分の承認が得られなかった場合でも処分の効力には影響がないとされています。）。

※　委員長および委員は、自己もしくは父母、祖父母、配偶者、子、孫もしくは兄弟姉妹の一身上に関する事件または自己もしくはこれらの者の従事する業務に直接の利害関係のある事件については、その議事に参与することができないとされています。

　なお、関係法令を解釈するにあたっては、選挙管理委員会の開催の重要性、選挙の効力等に影響をおよぼすおそれなどに鑑み、安易に議決事項に関し、持ち回り審議などの対応は、慎重にすべきです。

3．投票・開票事務従事者の確保関係

　投票事務（期日前投票、不在者投票を含みます。）および開票事務の従事者の確保は、これらの事務執行に不可欠な要素です。このことから、感染を避けるための対策をあらかじめ周到に講じておくことが重要です。

（1）投票管理者、投票立会人、投票事務従事者

　従事する予定の投票管理者、投票立会人、投票事務従事者が感染者等であることが判明したとき、または従事する当日において37.5度以上の発熱や咳などの風邪の症状が確認され、また、体調不良等、感染の疑いがあると認められるときは、その旨を申し出させ、投票事務には従事させないこととします。

　投票管理者がこのような事態となった場合は、「投票管理者に事故があり、または欠けた場合」にあたるものと解されますので、当該投票管理者の選任替えをする暇がないときは、あらかじめ選任されている職務代理者が投票管理者の職務を執行することとします（公職選挙法施行令第24条第1項参照）。

　また、投票管理者およびその職務代理者にともに事故があり、またはこれらの者がともに欠けた場合は、直ちに当該選挙管理委員または書記の中から臨時に投票管理者の職務を管掌すべき者を選任して、投票事務を執行しなければなりません（公職選挙法施行令第24条第2項参照）。

　投票立会人については、期日前投票所には2人、当日投票所においては2人以上を確保しなくてはならず、これらの人数を下回らないように留意しなくてはなりません。なお、従来、当日投票

所における投票立会人は「各投票区における選挙人名簿に登録された者」の中から選任することとされていましたが、令和元年の公職選挙法改正により「選挙権を有する者」から選任できるよう要件が緩和されました。また、投票立会人は、その職務の性格上、投票管理者の行う事務には従事できないことにも留意する必要があります。

　投票事務従事者に欠員が生じた場合には、速やかに代替要員を補充できるようにする措置として、あらかじめ全庁的に応援を要請しておくことにより、速やかに人員が確保できる体制を整えておきます。また、代替要員となる職員に確実に連絡できるよう連絡体制の整備・確認をしておくことも大切です。

　代替要員の確保にあたっては、たとえば半日交代制にするなど、時間的に柔軟な対応をすることで、従事可能な要員の確保に努めることもできます。投票管理者や投票立会人についても、時間単位での交替勤務が可能とされています。この場合には投票管理者の職務を行うべき時間の告示や投票立会人が投票に立ち会うべき時間の通知が必要ですので留意が必要です。

　更に、新型コロナウイルス感染症対策の一環として事務従事者の人員を削減した場合でも確実に投票事務ができるように、あらかじめ人員削減を想定した人員配置と事務分担を準備しておくことが大切です。また必要に応じて他の投票所との間で従事者の融通を図るなど、臨機応変な対応ができるようにしておきます。

　なお、投票開始時刻の時点で必要な要員が参集できず、やむを得ず投票を開始した場合は、投票時間の途中であっても、できる限り速やかに要員を補充し、適正な事務執行に努めます。

(2) 開票管理者（選挙長[※]）、開票（選挙[※]）立会人、開票事務
従事者 (※公職選挙法第79条第1項の規定により、開票事務を選挙会事務と合同して行う場合。以下同じです。)

　従事する予定の開票管理者（選挙長）、開票（選挙）立会人（候補者の届け出に係る者を除きます。）、開票事務従事者が感染者等であることが判明したとき、または従事する開票日当日に37.5度以上の発熱や咳などの風邪の症状が確認され、また体調不良等、感染の疑いが認められるときは、その旨を申し出させ、開票事務には従事させないようにします。

　開票管理者（選挙長）がこのような事態になった場合は、「開票管理者（選挙長）に事故があり、または欠けた場合」にあたると解されますので、当該開票管理者（選挙長）の選任替えをする暇がないときは、あらかじめ選任されている職務代理者が開票管理者（選挙長）の職務を執行することとします（公職選挙法施行令第67条第1項、第80条第1項参照）。

　また、開票管理者（選挙長）およびその職務代理者にともに事故があり、またはこれらの者がともに欠けた場合は、直ちに当該選挙管理委員または書記の中から臨時に開票管理者（選挙長）の職務を管掌すべき者を選任して、開票事務を執行しなければなりません（公職選挙法施行令第67条第2項、第80条第2項参照）。

　候補者の届出に係る開票（選挙）立会人が、開票日当日に37.5度以上の発熱や咳などの風邪の症状があるなど体調不良等、感染の疑いがある旨の申し出や問い合わせがあった場合には、辞職を強要することはできませんが、開票（選挙）立会人の職務に従事することの可否について、保健所や医師等に確認してもらい、そ

の結果を報告してもらうことが適当です。開票日当日、開票所（選挙会場）に来所した候補者届出の開票（選挙）立会人が上記と同様な状況にある場合も同様です。

　開票（選挙）立会人は正当な理由がなければ、その職を辞することができないとされていますが（公職選挙法第62条第11項、第76条）、開票（選挙）立会人が辞退を申し出た場合には「正当な理由」があるものとして、当該開票（選挙）立会人が自らの判断でその職を辞することを妨げるものではありません。本人の体調不良等により、新型コロナウイルスに感染したことが懸念される場合には、その旨の申し出後に、開票（選挙）立会人の職を辞することができることについて、あらかじめ開票（選挙）立会人説明会などの場で説明しておくことにより、いざというときに問題とならないようにしておくことが適当です。

　開票（選挙）立会人が定足数（3人以上）の参集が見込めないとき、または参集がないときは、所定の選任手続き（公職選挙法第62条第9項、第76条）により、速やかに定足数の3人に達するまで開票（選挙）立会人の補充選任をします。

　また、開票事務従事者に欠員が生じた場合には、速やかに代替要員を補充することができるようにするための措置として、あらかじめ全庁的な応援が得られるよう要請しておくことにより、人員の確保ができる体制を整えておきます。併せて、代替要員に確実に連絡できるよう、連絡体制を整備、確認しておきます。

　更に、新型コロナウイルス感染症対策の一環として事務従事者の人員を削減した場合でも確実に開票事務が遂行できるように、人員削減を想定した人員配置と事務分担を作成しておくことが求

められます。また、他の担当事務との間で従事者の融通を図るなど、臨機応変な対応ができるようにしておきます。万が一の場合に備えて、あらかじめ開票事務従事経験者の中から、資格要件を満たしている適任者を指名しておくことも必要でしょう。

　なお、開票開始時刻の時点で必要な要員が参集できず、やむを得ず開票作業を開始した場合は、作業の途中であっても、できる限り速やかに要員の補充に努めます。

　必要に応じて以上のような対応をスムーズに行うためにも、あらかじめ関係者間の連絡体制を十分に整え、感染の疑いを速やかに把握できるようにしておくことが求められます。

４．新型コロナウイルス感染症対策に係る選挙人への周知

　選挙執行の前には、選挙人へは、政府から示されていた「選挙は、住民の代表を決める民主主義の根幹を成すものであり、任期が到来すれば、決められたルールの下で次の代表を選ぶというのが民主主義の大原則であって、不要不急の外出にはあたらない」という見解にのっとり、次のような周知を行って、安心安全な状況下でより多くの選挙人の投票参加を促します。

●周知内容のポイント

① 新型コロナウイルス感染症への対応を踏まえた投票の呼びかけ
・　選挙管理委員会は、選挙人の皆さんに安心して投票していただけるよう、投票所内の入口から投票を終了するまで投票所内における感染防止対策に徹底的に取り組んだ上で選挙を実施していること。

・　当日投票所の混雑を緩和して「三密」を避けるため、期日前投票の積極的な利用をしていただきたいこと（この場合の期日前投票事由は「6号事由」により対応します。）。

② 選挙管理委員会が実施する感染症対策の例
・　当日投票所および期日前投票所には、手指消毒用のアルコール消毒液を配置し、必要に応じてマスクを提供する。
・　投票管理者、投票立会人および投票事務従事者の手指消毒の徹底、マスクと状況に応じてフェイスシールドまたはその両方を着用する。
・　投票所の受付となる名簿対照係や投票用紙交付係には、飛沫感染防止のため、透明ビニールシートによるシールドを設置する。
・　投票記載台や筆記用具など、不特定多数の選挙人が触れる箇所は、定期的に消毒を行う。
・　投票所内は扉や窓を常時開放、または定期的に換気を行う。

③ 選挙人の皆さんにお願いする事項
・　投票所へ来場する際には、マスクを着用して咳エチケットを遵守するとともに来場前と帰宅後には、入念な手洗いを実行すること。
・　投票の順番待ちをする場合は、一定の間隔を空け、ソーシャル・ディスタンスを確保すること。
・　飛沫感染を防止するため、なるべく周りの人との会話を避けること。
・　混雑する時間帯（選挙管理委員会のホームページ等で周知）を避けて、投票所へ来場していただきたいこと。
・　投票所では選挙人自らが持参した鉛筆などの筆記用具を使っ

て投票の記載をすることは差し支えないこと。

④ 選挙人への周知の手段、方法

　投票所入場券、選挙管理委員会のホームページ、啓発チラシ、市区町村の防災無線、地域のケーブルテレビ、記者クラブへの資料提供などのほか、市区町村のホームページ、広報紙、広報車による巡回啓発など、あらゆる手段、方法で、広く選挙人への周知に努めます。

<ホームページ等による周知の例>
・　期日前投票所の混雑状況

　　各期日前投票所の混雑状況の目安として、直近の選挙時の各期日前投票所の日にちごとの時間帯別の投票者数を棒グラフ等でわかりやすく表示する。また、リアルタイムで混雑状況を把握し、周知を行うことも検討する。
・　新型コロナウイルス感染症対策に関するQ&A

　　都道府県の選挙管理委員会や市区町村の選挙管理委員会がまとめたQ&Aを掲載する。

5．当日投票所・期日前投票所の開設に係る留意点

　当日投票所、期日前投票所の設置（不在者投票所の併設を含みます。以下同じです。）にあたっては、選挙人はもとより投票管理者、投票立会人、投票事務従事者の感染防止を常に念頭に置いて、周到な準備と対策を施すことが求められます。

（1）大原則としての「三密」（密閉、密集、密接）の防止策

　当日投票所や期日前投票所においては、いわゆる「三密」（密閉、密集、密接）を防ぐため、概ね以下の条件を満たすことが必要です。
・　投票所の中で選挙人名簿抄本との対照などの際における選挙人同士の間隔が２ｍ程度（最低でも１ｍ）は確保できること。
・　開閉できる窓などがあって換気を行えること、換気扇等の設備を備えていること。
・　投票所の外などで選挙人が順番待ちで並ぶ場合、その場所における選挙人同士の間隔が２ｍ程度（最低でも１ｍ）は確保できること。

　以上の条件を満たすことができる施設を使用できないときは、「三密」防止とともに飛沫感染防止等の対策について、これまでの他都市におけるビニールシールド等設置等の実施例を参考に、より効果的な方法を工夫することが求められます。
　また、期日前投票所が設置された会場が２階以上の場所にある場合で、そこに至るまでに狭いエレベーターを使わざるを得ない場合は、掲示による周知や職員の誘導により、エレベーター付近やエレベーター内で「三密」状態が生じないように留意してください。これに加え、エレベーターの入口付近にアルコール消毒液を配置して、訪れた選挙人に手指消毒を積極的に促します。

（2）期日前投票所の増設と開設期間・時間延長

　当日投票所および既存の各期日前投票所の混雑を緩和して「三密」状態が生じないようにするため、可能な限り期日前投票所の増設と開設期間・時間の延長を検討します。期日前投票所を２箇

所以上設置している場合は、場所と従事者の確保や期日前投票システムの整備等の事情が許す限り、執行する選挙の種類に応じた法定の開設期間・時間の範囲内で、2 箇所目以降の開設期間・時間の延長に努めるようにします（公職選挙法第48条の 2 第 6 項で読み替えて準用する第40条第 1 項ただし書参照）。

（3）当日投票所等の設置施設の管理者や管轄する保健所・保健福祉関係部局等との連絡体制

　当日投票所および各期日前投票所を設置する施設内の管理者や管轄の保健所・保健福祉関係部局等との連絡体制を構築して、当日投票所や期日前投票所を設置する予定の施設内において、感染者等が出たことが判明した場合の、当該施設の閉鎖、消毒等への対応について、事前に管轄する保健所・保健福祉関係部局等と連携して、速やかに対応できる体制を整えておきます。

　万が一、当日投票における各投票区の投票所および各期日前投票所を設置する予定の施設内において感染者等が出たことが判明したときは、速やかに管轄する保健所・保健福祉関係部局等と連携して施設の消毒等を実施して、予定どおりに当日投票所や期日前投票所が開設できるように努め、選挙人の投票に支障をきたさないようにします。

　消毒などの措置を講じても予定どおりに使用できないと見込まれるときは、速やかに代替施設で投票所を開設できるように措置します。この場合、当該投票区の選挙人および投票管理者、投票立会人その他投票事務従事者には、投票所の変更を適切かつ遺漏のない方法で周知することが必要です。

　なお、当初告示した投票所を公職選挙法第41条第 2 項の規定に

より変更したときは、選挙の期日を除くほか、同条第 1 項の規定にかかわらず、直ちにその旨を告示しなければならないことに留意します。

<参考>公職選挙法

第41条　市町村の選挙管理委員会は、選挙の期日から少くとも 5 日前に、投票所を告示しなければならない。

2　天災その他避けることのできない事故に因り前項の規定により告示した投票所を変更したときは、選挙の当日を除く外、市町村の選挙管理委員会は、前項の規定にかかわらず、直ちにその旨を告示しなければならない。

6．当日投票所・期日前投票所での感染防止対策に係る留意点

当日投票所および期日前投票所における感染防止対策のポイントは、「三密」防止の配慮が大前提となります。

<「三密」防止対策の例>
・　記載台は間隔を空けて設置する。
・　複数の区画に分割されている記載台は、隣り合っての区画は使用できないようにする。
・　投票管理者、投票立会人、各係の事務従事者の席の間隔をできるだけ離す。
・　投票立会人を 3 人選任している場合は、1 つの長机に 3 人一緒に着席させない。

(1) 設営のポイント

・　選挙人が投票所内に滞留しにくい動線が取れるように設営を工夫するとともに、できる限り入口と出口は別にして、一方通行とすることによって、選挙人同士が接触しないように配慮します。

・　投票所における名簿対照係および投票用紙交付係の各席と選挙人との間には、飛沫感染防止のためのビニールシートによるシールドを設けます。また、これらの係とは別に、選挙人から相談を受ける係など選挙人と直接対面する係などを配置する場合は、同様のシールドを設けることとします。

・　投票所が狭いなどの理由から、投票管理者および投票立会人の席と選挙人との距離を十分に確保できないときは、これらの席にも飛沫感染防止のためのビニールシートによるシールドを設けるのが適当です。

・　相談を受ける係など選挙人とある程度の時間、接することを要する係は、選挙人の正面には着席せず、互い違いに着席できるように席を配置します。

・　投票所の入口付近には手指消毒用のアルコール消毒液を配置することとし、出口にも可能な限りアルコール消毒液を配置して、選挙人の感染防止に努めます。

・　投票の順番待ちをする列の場所には、間隔の目安として概ね2m（最低でも1m）ごとに色つきのビニールテープ等で線を引き、ソーシャル・ディスタンスを保てるようにします。

・　投票所内の換気の効果を高めるために、必要に応じて扇風機やサーキュレーター等を設置するのが適当です。なお、一般的

な空気清浄機は、機内を通過する空気の量が換気量に比べて少ないことなどから、新型コロナウイルス感染症対策としての効果は不明であり、推奨できないとされています。

・　個々の投票所において、以上の対応が確実に可能かどうか、事前に投票所の設置予定場所に赴いて確認し、間近になって間誤付くことのないように備えます。

(2) アルコール消毒液等の留意点

・　投票所等に配置する手指消毒用のアルコール消毒液は、新型コロナウイルスに対する殺菌作用があるとされる濃度70％以上のものを使用します。これは、消防法で定める危険物（第四類アルコール類）に該当し、その内容が容器の表面に表示されていますので、必ず確認します。

・　濃度60％以上の消毒用アルコールは危険物として消防法の適用を受けますので、80ℓ以上まとめて保管する場合は、消防法により消防署への申請や届出が必要となることに注意します。保管場所についても、関係法令により様々な制約が設けられています。感染症対策のために大量の消毒用アルコールの保管や備蓄を計画している場合は、必ず消防本部または消防署に相談します。

・　アルコールは引火点が常温よりも低く、わずかな火源でも引火しますので、容器の注意書きをよく確認し、取り扱いには細心の注意を払う必要があります。

・　濃度70％以上のアルコール消毒液が入手困難な場合は、濃度が60％程度のエタノール消毒液を使うこともやむを得ないでしょう。ただし、高濃度エタノール製品も危険物であることか

ら、手指消毒用アルコールの代用として使用するときは火気などに十分注意し、火災や事故のないよう取り扱いには細心の注意を払う必要があります。

・　物品の表面の消毒には、アルコールではなく次亜塩素酸ナトリウムの水溶液（0.05％）の使用でも差し支えありません。また、一定濃度以上の次亜塩素酸水の使用も可能とされています（厚生労働省のホームページでは拭き掃除には、有効塩素濃度80ppm以上の次亜塩素酸水を使用し、十分な量で濡らすことによりウイルス除去に効果があることが確認されている旨記載されています。）。

（3）投票を受け付ける際の感染防止対策の留意点

選挙人および従事者への感染防止を主眼とする投票を受け付ける際の対策の留意点は、以下のとおりです。

・　投票に訪れた選挙人がマスクを着用していない場合には、その場において、丁寧にマスクの着用を要請し、マスクを持っていない選挙人には受付でマスクを提供することとします。

・　マスク着用を要請しても、どうしても着用に応じてもらえない場合は、「咳エチケット」の協力の要請に努めます。強い協力要請によるトラブルとならないよう留意します。

・　投票所の入口では、可能であれば、希望する選挙人に使い捨てのポリ手袋を提供します。ポリ手袋を着用する選挙人を含め、アルコール消毒液による手指消毒を促しますが、アルコール消毒液にアレルギー反応があることを理由に拒否する選挙人に対しては、消毒を強要することのないように留意してください。

・　来場した選挙人が感染者等に該当する場合や37.5度以上の発

熱、咳など風邪の症状があるなどで体調不良を訴え、感染の疑いが認められる場合には、投票事務従事者にその旨を速やかに申し出るように、呼びかけます。申し出た選挙人への対応は、（4）のとおりです。

・　投票の受付等のために順番待ちしている選挙人等を、ソーシャル・ディスタンスの目印ラインに沿って並ぶように誘導するとともに、投票所内が混雑してきた場合は、適宜、事務従事者が誘導して、投票所内に選挙人の滞留が生じないように入場制限の整理を行うこととします。

・　名簿対照係および投票用紙交付係の従事者は、こまめに手指をアルコール消毒の上、ビニール手袋を着用し、素手で投票所入場券や投票用紙に触れることがないように留意してください。

・　投票用紙交付機を使って投票用紙を交付する場合は、発券された投票用紙を選挙人に直接取らせることも差し支えありませんが、その場合には、投票用紙が2枚重なって発券されていないか必ず確認するようにします。

・　投票所で選挙人が投票用紙に候補者名を記載するために用いる筆記用具は、記載台に配置したままにせず、投票用紙交付係などに用意しておき、消毒済みのものを1本ずつトレー等にのせて選挙人に自分で取ってもらうようにします。また、使用後は投票箱の傍らに使用後の筆記用具の回収箱を設置して回収し、再利用できるように消毒します。

・　選挙人が使用したポリ手袋は、投票所の出口の外側に専用の回収箱を置いて、他のゴミと混同しないように回収し、密封した上で適正に廃棄します。

・　聴覚に障害を有する選挙人の中には、事務従事者がマスクを

着用して口元が見えないため、コミュニケーションが難しくなる場合がありますので、以下の例を参考に対応します。

＜対応例＞

・　従事者の口元が見えるように、フェイスシールドや透明な素材を使ったマスクを着用する。

・　筆談やコミュニケーションボードを使う。
コミュニケーションボードは、厚手の紙にコピーしたものを、選挙人ごとに使い捨てることも検討するとよいでしょう。

・　選挙人が直接手を触れたアルコール消毒液のボトル、記載台、拡大鏡、文鎮、点字器、コミュニケーションボードなどは、その都度こまめに消毒します。

・　投票所内の定期的な換気に努め、1時間に2回程度（30分に1回以上）、風が通るように2つの方向の窓や扉を数分間、開放します。窓が1つしかない場合は、ドアを開けます。

・　事務従事者等が休憩や食事をとる場合にも、飛沫感染と接触感染の防止となるよう「三密」とならないよう留意してください。

＜休憩場所での「三密」防止対策の例＞

・　なるべく休憩スペースを複数箇所、離して設ける。

・　1人ずつ休憩をとるようにする。

・　投票所内において対面しないように席を配置する。

・　会話はマスクを着用して行い、食事をしながらの会話は控える。

・　休憩場所に出入りする際には、手指消毒を十分行う。

・　菓子や食材などを大皿から取り分けたり、箸やスプーン

などを使いまわししない。
・　休憩場所の室内換気を十分に行う。

・　当日投票所または期日前投票所として使用した後の施設、設備等の消毒は、複数の従事者等が触れる箇所（ドアノブ、手すり、テーブルなど）を次亜塩素酸ナトリウムの水溶液（0.05％）またはアルコール消毒液により拭き取ることを基本とします。当該施設本来の用途などの事情により、施設側からなされる消毒など特段の要請にも可能な範囲で対応することとします。

＜参考＞投票所内等における周知用掲示の記載内容例
・　感染症対策のため、マスクの着用をお願いします。
・　感染症対策のため、手指をアルコール消毒液にて消毒してください。
・　ご希望の方にはポリ手袋を配布しますので、係員にお申し出ください。
・　足元のラインに沿って、間隔を空けてお並びください。
・　投票所内の混雑緩和のため、入場整理をしています。時間帯によっては、長時間お待ちいただく場合がありますので、ご了承ください。
・　感染症対策のため、定期的に換気を行っています。換気の際には風などが吹き込むおそれがありますので、ご了承ください。
・　感染症対策のため、鉛筆や記載台などはアルコール消毒液で拭き取り消毒をしています。アルコールアレルギー等がご心配の方は、係員にお申し出ください。

- ・　トレーから鉛筆をお取りください。使用後の鉛筆は、投票箱の横の回収箱に返却してください。
- ・　使用後のポリ手袋は、こちらの回収箱に入れてください。
- ・　帰宅後は入念に手洗い等をしてください。

(4) 感染者等への対応の留意点

　感染者等から投票に関しての注意事項などについて問い合わせがあったときは、丁寧な説明を心がけましょう。

① 感染者等から投票等に関して事前に問い合わせがあった場合の対応

　外出を制限されている自宅療養者、宿泊施設療養者については、「感染症の予防及び感染症の患者に対する医療に関する法律」の規定に基づき、特定患者等の郵便等を用いて行う投票方法の特例に関する法律に基づく現在する場所における郵便等による不在者投票「特例郵便等投票」ができます。なお、宿泊施設療養者が投票できるように、通常の選挙人と同様の期日前投票所を宿泊療養施設に設置することは考えられます（8.参照）。

　都道府県の選挙管理委員会が指定する不在者投票施設に入院・入所中の選挙人の場合は、当該施設での不在者投票が可能です。
　一方で、選挙管理委員会においては、感染者等の外出の可否について、医学的・免疫学的な観点においての判断はできないことから、感染者等から事前に問い合わせがあったときは、投票のために外出することの可否についての確認は、保健所や医師等に確認するよう案内してください。投票所を訪れる際の注意点につい

ては、保健所や医師等に指示を仰ぐよう案内します。

② 投票所における対応

　投票所に訪れた選挙人が感染者等に該当する場合や、37.5度以上の発熱、咳などの風邪の症状があり体調不良等により感染の疑いがあるときは、投票事務従事者に速やかに申し出をするよう呼び掛けて、その申し出があったときは、的確な対応に努めてください。申し出があった選挙人や、咳き込んでいるなどの症状がある選挙人には、これらの方の人権に配慮しつつ、他の選挙人や投票事務従事者等への感染を防止するため、基本的には以下に示す対応に従ってもらうこととします。

- ・ ポリ手袋を提供して着用してもらう。
- ・ マスクを着用していないときは、マスクを提供して着用してもらう。
- ・ 順番待ちの選挙人同士に一定の間隔を保ってもらった上で、受付をします。
- ・ 一定時間、次の選挙人の入場を待ってもらいます。「一定時間」の目安は、同じ記載台に並んで投票用紙に記載しないで済む程度の時間的間隔とします。
- ・ 投票記載用の鉛筆は、消毒済みのものを1本ずつ分離したトレー等から自ら取ってもらうようにし、使用後のトレー等はその都度消毒します。なお、使い捨ての鉛筆を使用してもらうことでも差し支えありません（使用後の鉛筆の回収やその他の処分については、感染防止に十分注意して対応します。）。
- ・ 使用後の記載台は、次の選挙人が使用する前に必ず消毒

します。

感染者等が使用する見込みの記載台は、一般選挙人が使用する記載台とは離れた場所に専用のものを設けるのが望ましいでしょう。

訪れた選挙人が感染者等であることが確実であることが判明した場合は、感染防止対策を十分に講じるとともに、原則として、一般選挙人とは別の場所（空間的または時間的に分けて投票してもらう）で対応することが適当です。

7．指定施設（病院、老人ホーム等）における不在者投票の留意点

不在者投票の指定施設とされている病院、老人ホーム等から、感染者等への対応で多忙や混乱をきたしていることを理由に、不在者投票の実施が困難である旨を訴えられることが想定されますが、そのようなことがあっても選挙管理委員会は慌てず慎重な対応をします。

（1）指定施設から不在者投票の実施が困難である旨の申し出があった場合の対応

施設における業務が多忙であるため、不在者投票の事務執行に人員を割くことができない等の理由があったとしても、公職選挙法施行令第55条の指定施設である以上、入院・入所している選挙人からの不在者投票の実施請求を拒否することは法律上認められません。指定施設側には、選挙人の投票機会確保の観点から、不在者投票を実施するように丁寧に説明し、応じてもらうよう努めてください。

(2) 指定施設において感染者等の不在者投票を実施する場合の留意点

・ 特に投票を実施する場所を設けて不在者投票を行う場合には、選挙人同士、不在者投票立会人、従事者のソーシャル・ディスタンスを確保する、定期的な換気をするなどして、極力「三密」防止に配慮してもらいます。

・ 他の入院者や入所者、不在者投票の立会人、従事者等への感染防止のため、記載場所の机やテーブル、椅子などをアルコール消毒液で消毒してもらいます（ベッドで不在者投票を行う場合も同様）。

・ 他の入院者や入所者への感染防止のため、感染者等の投票とその他の入院者、入所者の投票は空間的または時間的に分けて行います。たとえば同じ会議室等を会場として、時間を分けて行う場合は、感染者等が投票する前にその他の入院者や入所者が投票を済ませるよう工夫する配慮が必要です。やむを得ない事情から、感染者等の後にその他の入院者や入所者が投票する場合は、投票するたびに記載場所の机、テーブルや椅子などをアルコール消毒液で確実に消毒します。

・ 不在者投票の立会人、代理投票補助者 2 人、不在者投票の事務を行う施設のスタッフには、マスク、手袋等を着用し、直接素手で投票用紙等に触れることがないようにしてもらいます。

・ 感染者等の投票に際して、感染者等と適切な距離を取ることが難しい場合は、周囲の人は医療従事者と同様な個人防護具の着用が適当と考えられます。

・ 感染者等が不在者投票を行うときは、必ずマスク、ビニール

　手袋を着用してもらい、直接素手で投票用紙等に触れることが
ないようにしてもらいます。

・　投票等の記載に用いる鉛筆は使い捨てのものを使用します。

・　投票が終了した不在者投票（封筒）を選挙管理委員会に送付
するときは、ビニール袋に入れるなどしてから、郵送等の封筒
に封入してもらいます。

・　施設側に選挙人が不在者投票の代理請求を依頼する際の依頼
書については、原則として請求する選挙人によって記載するの
が適当ですが、感染者等が請求する場合には、本人の同意のも
とに依頼書を施設のスタッフが代理記載しても差し支えないこ
ととします。その場合には、当該依頼書に代理記入者である施
設スタッフの氏名を記載することとします。

・　感染者等が不在者投票を行った指定施設から選挙管理委員会
に送付された投票記載済みの不在者投票は、必ずビニール手袋
を着用して取り扱い、他の不在者投票とは分離して保管するな
ど、十分注意して取り扱うようにします。

・　投票日当日に指定投票区の投票所において、不在者投票の受
理・不受理の決定の事務を行う従事者は、必ずマスクやビニー
ル手袋を着用して、手指の消毒をし、体調管理をし、直接素手
で投票用紙等に触れることがないように徹底してもらいます。

・　当該投票所に訪れた選挙人とは、投票管理者の管理と投票立
会人の監視がおよぶ範囲でできるだけ距離を置いた場所または
飛沫感染対策用のビニールシートによるシールドで仕切った場
所で作業をするなど、新型コロナウイルスの拡散防止に留意し
てください。

・　コロナ禍では郵便物の遅配や郵便局の営業時間の短縮もあり

得ることから、投票用紙等の請求や投票記載済みの不在者投票の送致については、早め早めに行うよう指定施設側に要請しておきます。

> **＜参考＞感染症対策のため、指定施設側に依頼する文面の例**
> 　感染者等が投票用紙等に記載する際には、感染者等本人および同席する施設のスタッフともにマスクおよびビニール手袋の着用をお願いします。また、感染者等本人が素手で直接投票用紙等に触れることがないようご協力をお願いいたします。

(3) 指定施設において感染者等の不在者投票の代理投票をする場合の留意点

　新型コロナウイルス感染症に係る隔離措置等により、入院者が公職選挙法第48条に規定する「自ら当該選挙の公職の候補者の氏名（略）を記載することができない選挙人」に該当すると認められる場合には、その申請に基づいて代理投票を行うことができます。ただし、代理投票は、第三者に対して投票意思を表示する方法によらなければ選挙権を行使できない選挙人のために、あくまでも秘密投票の例外として認められている制度ですので、同条の要件に該当するか否かどうか、当該本人の意向を十分に確認する必要があります。安易に代理投票に誘導することのないようにしなければなりません。

8．宿泊療養施設における投票の実施

　前述のとおり、新型コロナウイルス感染症により宿泊・自宅療

養中で、かつ一定の要件に該当する選挙人は、特例郵便等投票ができるようになりました。しかし、宿泊療養施設における投票の実施が不要になったわけではありません。投票用紙請求期限後における宿泊療養者の選挙権の行使を守るため宿泊療養施設における対応が考えられます。

(1) 宿泊療養施設に期日前投票所を設ける場合の対応

　市区町村の選挙管理委員会が宿泊療養施設に期日前投票所を設けた場合、同施設に入所している感染者であって、当該期日前投票所を設けた市区町村の選挙人名簿に登録されている者（投票の当日、選挙権を有する者に限ります。）については、当該宿泊療養施設にて投票をすることができます（令和 3 年 3 月10日 総行管第88号総務省選挙部管理課長通知）。

　宿泊療養施設において期日前投票所を設けるにあたっては、次に掲げる留意点や実情等を踏まえ、保健所・保健福祉部局等と調整、連携して検討する必要があります。

① 期日前投票所の告示

　宿泊療養施設の名称や所在地を非公表としている場合は、期日前投票所の告示については、たとえば「宿泊療養施設○○市○○区」とするなど、当該期日前投票所の場所を告示していると認められる態様であれば、必ずしも当該施設名（「○○ホテル」等）を告示することは要しない旨、総務省選挙部から見解が示されています（令和 3 年 4 月 7 日 総行選第14号、総行管第122号総務省選挙部長通知）。

② 期日前投票所の設置期間

期日前投票所を設置する期間は、当該市区町村内に複数の期日前投票所を設ける場合には、特定の日時に限定することも可能とされています。この場合には、選挙期日により近い日とすることにより、できる限り新たな入所者の投票の機会を確保するための工夫が必要です。

③ ゾーニングの実施

期日前投票所を設けるにあたっては、感染防止対策のためゾーニングにより「清潔域（グリーンゾーン）」と「非清潔域（レッドゾーン）」を区分することが適当です。

④ 期日前投票事務を実施する場合の職員の併任等

都道府県が設置する宿泊療養施設においては、都道府県の職員を当該宿泊療養施設が所在する市区町村の選挙管理委員会の職員に併任等することにより、期日前投票の事務に従事してもらうことも考えられます。また、投票立会人や事務従事者は、宿泊療養施設の運営を受託している民間の事業者に依頼することも考えられます。

⑤ 投票にあたっての留意点等

投票にあたっては、既に示していることと同様に、「三密」を避ける取り組み（選挙人や立会人等の間隔の確保、定期的な換気等）を確実に励行し、宿泊療養者にはマスクおよび手指消毒の上、ビニール等の手袋を着用してもらい、直接素手で投票用紙に触れることがないようにすることが重要です。

同じ投票所とした場所で時間帯を分けて投票を行う場合には、投票を行うごとに記載台とするテーブルや椅子等を次亜塩素酸ナ

トリウム溶液やアルコール消毒液で消毒します。

　投票立会人、事務従事者等は、マスク着用、手指消毒、体調管理などによる感染防止対策を徹底するとともに、宿泊療養者との間隔の確保を徹底します。

　投票立会人、事務従事者等と必要な距離を取ることが難しい場合には、医療従事者と同様な装備の着用を行う必要があります。この場合の必要な装備は、厚生労働省ホームページに掲載されている「新型コロナ対策に関するQ＆A（医療機関・検査機関の方向け）問9」において、感染の疑いがある患者を診察する際（上気道の検体採取を実施する場合）に必要となる医療者の装備について、「サージカルマスク、目の防護具（ゴーグル、フェイスシールド等）、長袖ガウン、手袋」とされていること等も参考にして、保健所・保健福祉関係部局等と協議してください。

⑥　具体の投票方法の例

　③の「ゾーニング」により、宿泊療養者と投票立会人の接触を避けるため、レッドゾーンに投票の記載をする場所を設けて、あらかじめ投票用紙と記載用の使い捨て鉛筆を配置しておき、その場所に投票する宿泊療養者を居室から電話等で呼び出し、投票立会人がビニールシート等で隔てたグリーンゾーンから本人確認をする方法によります。

　宿泊療養者が原則として居室から外出できない取り扱いとされている宿泊療養施設においては、可搬式の投票記載台を用意し、各居室前等において、投票管理者、投票立会人および事務従事者と宿泊療養者との間にビニールシートを設けるなど感染防止対策を講じて投票管理者および投票立会人の視認の下で投票してもら

う方法もあります。

　宿泊療養施設の敷地内の屋外に仮設テントを設け、投票記載台を配置した投票場所を設置して投票してもらう方法が考えられます。この方法による場合、投票の秘密の確保とともに、宿泊療養者をこの場所に誘導等する際の感染防止対策に十分に注意します。

　また、悪天候時の投票事務に支障を来たすことがないように、あらかじめ対応を想定しておくとともに、投票環境の確保に努めます。

⑦　宣誓書提出の取り扱い

　期日前投票所において投票する場合には、投票しようとする宿泊療養者から投票管理者に宣誓書の提出が必要となりますが、その記載については必ずしも自書である必要とされていませんので、当該選挙人が提出したと認められるものであれば差し支えありません。

⑧　代理投票の取り扱い

　新型コロナウイルス感染症に係る隔離措置等により、宿泊療養者が公職選挙法第48条に規定する「自ら当該選挙の公職の候補者の氏名（略）を記載することができない選挙人」に該当すると認められる場合には、その申請に基づいて、代理投票を行うことも考えられます。

　ただし、代理投票は、あくまでも秘密投票の例外として、第三者に対して候補者の氏名など投票意思を表示する方法によらなければ選挙権を行使することができない選挙人のために認められた制度ですから、同条の要件に該当するか否かとともに宿泊療養者本人の意向を十分に確認しなければなりません（7.(3)参照）。

（2）宿泊療養施設に不在者投票記載場所を設ける場合の対応

　当該宿泊療養施設の所在する市区町村以外の市区町村の選挙人名簿に登録されている宿泊療養者および所在市区町村の選挙人名簿に登録されているが現に選挙権を有しない宿泊療養者については、当該宿泊療養施設に所在市区町村の選挙管理委員会の委員長を不在者投票管理者とする不在者投票記載場所が設けられた場合は、そこで不在者投票をすることができます（令和3年3月10日総行管第88号総務省選挙部管理課長通知）。

　宿泊療養施設における不在者投票の実施にあたっては、次のような留意点や各市区町村の実情等を踏まえ、保健所・保健福祉部局等と連携、調整して対応する必要があります。

① 投票用紙等の請求および宣誓

　宿泊療養者がその登録されている選挙人名簿の属する市区町村の選挙管理委員会（以下「名簿登録地の選挙管理委員会」といいます。）の委員長に対して投票用紙および投票用封筒の請求と宣誓をするにあたっては、直接または郵便等をもってすることとされていますが、次のような方法も認められます。

・　使者による請求および宣誓書の提出

　　宿泊療養者本人の依頼に基づく使者である旨の十分な確証が得られる限り、使者による請求および宣誓書の提出も排除されません。宿泊療養施設の職員や宿泊療養者の家族が、宿泊療養者本人の使者として直接にまたは郵送等をもって請求することも可能です。この場合、宿泊療養者から請求を依頼する使者に対して連絡を取る手段は電話、メール等によることで差し支えありません。

・　名簿登録地の選挙管理委員会の職員に併任等することによる
　宿泊療養施設従事職員への請求
　　宿泊療養施設で従事する所在地市区町村または都道府県の職
　員を名簿登録地の選挙管理委員会の職員に併任等し、当該職員
　が請求を受けることにより、宿泊療養者が直接名簿登録地の選
　挙管理委員会に請求する方法も可能です。
・　オンラインによる請求
　　名簿登録地の選挙管理委員会が不在者投票の投票用紙等のオ
　ンライン請求に対応している場合は、宿泊療養者が名簿登録地
　の選挙管理委員会に対してオンラインで請求することもできます。

② 投票用紙等の受領と保管
　　選挙人が受領したと認められる態様であれば、投票を行うまで
　の間、宿泊療養者の同意のもとで宿泊療養施設の職員が宿泊療養
　者の使者として選挙管理委員会から交付された投票用紙等の受領
　および保管を担うことも差し支えありません。

③ 投票用紙等の提示ならびに不在者投票証明書の提出および点検
　　宿泊療養者が投票に先立って、不在者投票管理者に対して投票
　用紙等の提示ならびに不在者投票証明書の提出および点検を行う
　必要がありますが、宿泊療養施設の職員が投票用紙等を使者とし
　て保管している場合は、これらを④と同時に行うか、または当該
　宿泊療養者に投票用紙の提示および不在者投票証明書の提出の意
　向を電話等で確認した上で、事前に行うことも差し支えありません。

④ 投票の実施
　　（1）⑥と同様に投票を実施します。

⑤ 事務従事者の記名等および立会人の署名または記名押印

　宿泊療養者が投票の記載をし、内封筒に投票を入れ封をし、更に投票用外封筒に封入し、署名した後、事務従事者が投票の年月日および場所を記載し、これに記名し、立会人が署名または記名押印する際は、当該事務従事者および立会人の感染防止対策を徹底して講じます。

⑥ 名簿登録地の選挙管理委員会への送付・投票区の投票管理者等への送致

　投票済みの投票用紙等を名簿登録地の選挙管理委員会へ送付する際には、当該投票用紙等をビニール袋などに入れるなどして他への感染防止対策をし、指定投票区等の投票所の投票管理者に送致するまでの間、保管する名簿登録地の選挙管理委員会、当該感染者の不在者投票の送致を受けた指定投票区等の投票所の投票管理者において、受理不受理の決定を行う際には、マスク着用、手指の消毒、体調管理などの感染防止対策を徹底します。

9．開票所（選挙会場）における留意点

(1) 開票所（選挙会場）の設置施設の管理者や管轄する保健所・保健福祉関係部局等との連絡体制

・　開票所（選挙会場）を設置する施設の管理者や管轄の保健所・保健福祉関係部局等との連絡体制を構築して、開票所（選挙会場）を設置する予定の施設内において感染者等が出たことが判明した場合の当該施設の閉鎖・消毒等の対応について、事前に協議を行い、速やかな対応ができるように備えます。

・ 万が一、当該施設内において感染者等が出たことが判明した
ときは、速やかに管轄する保健所・保健福祉関係部局等と連携
して施設の消毒などを行い、予定どおりの日時に開票所（選挙
会場）を開設できるよう最大限努め、開票作業に支障のないよ
うにします。

・ 当該施設を消毒などの措置を講じても予定どおりに使用でき
ないと見込まれるときは、速やかに代替施設で開票所（選挙会
場）を開設できるよう準備を始めます。このようなときは、開
票（選挙会）の場所（場合によっては日時も）の変更が余儀な
くされますので、開票管理者（選挙長）、開票（選挙）立会人そ
の他開票事務従事者には、遺漏のないように速やかに周知して
ください。また、開票（選挙会）の場所および日時の告示につ
いて規定する公職選挙法第64条、第78条等の規定に留意してく
ださい。

・ どうしても開票所（選挙会場）とすべき代替施設の手配が困
難である等のやむを得ない事情から、あらかじめ開票日（選挙
会開催日）として告示した日に開票（選挙会）ができないとき
は、都道府県の選挙管理委員会などの助言を得ながら、公職選
挙法第73条（第84条）の規定による繰延開票（繰延選挙会）と
するかどうかの検討をする必要があります。

<参考>公職選挙法

第73条（繰延開票）　第57条第1項前段及び第2項の規定は、
　開票について準用する。

第57条（繰延投票）　天災その他避けることのできない事故
　により、投票所において、投票を行うことができないとき、

又は更に投票を行う必要があるときは、都道府県の選挙管理委員会（市町村の議会の議員又は長の選挙については、市町村の選挙管理委員会）は、更に期日を定めて投票を行わせなければならない。この場合において、当該選挙管理委員会は、直ちにその旨を告示するとともに、更に定めた期日を少なくとも2日前に告示しなければならない。

2　衆議院議員、参議院議員又は都道府県の議会の議員若しくは長の選挙について前項に規定する事由を生じた場合には、市町村の選挙管理委員会は、当該選挙の選挙長（衆議院比例代表選出議員若しくは参議院比例代表選出議員の選挙又は参議院合同選挙区選挙については、選挙分会長）を経て都道府県の選挙管理委員会にその旨を届け出なければならない。

第64条（開票の場所及び日時の告示）　市町村の選挙管理委員会は、予め開票の場所及び日時を告示しなければならない。

第84条（繰延選挙会又は繰延選挙分会）　第五十七条第一項前段の規定は、選挙会及び選挙分会について準用する。この場合において、同項前段中「都道府県の選挙管理委員会（市町村の議会の議員又は長の選挙については、市町村の選挙管理委員会）」とあるのは、「当該選挙に関する事務を管理する選挙管理委員会（衆議院比例代表選出議員又は参議院比例代表選出議員の選挙会に関しては中央選挙管理会、参議院合同選挙区選挙の選挙会に関しては当該選挙に関する事務を管理する参議院合同選挙区選挙管理委員会、選挙分会に関しては都道府県の選挙管理委員会）」と読み替えるものとする。

（2）開票所（選挙会場）の事務体制等にかかる留意点

・ 開票事務を実施するにあたっては、開票事務従事者間の間隔をできるだけ広く確保して、席や立ち位置が対面にならないよう留意します。

・ やむを得ず十分な広さの開票所（選挙会場）を確保できない場合は、人員配置を見直し、少人数で開票作業を実施することとします。

・ 開票（選挙）立会人の席は、隣同士の間隔をできるだけ空けて配置することとします。

・ 事前に施設管理者に開票所（選挙会場）の換気方法を確認しておき、定期的に換気をします。

・ 点字投票の判読者は、感染防止のためにビニール等の手袋を着用して点字の判読を行ってもらいます。

・ 開票管理者（選挙長）、開票（選挙）立会人、開票事務従事者は、全員マスクと手袋を着用しますが、やむを得ず手袋を着用しない場合は、随所にアルコール消毒液を配置してこまめに手指消毒をします。

・ 担当する開票作業が終了した開票事務従事者は、速やかに開票所（選挙会場）から退出します。

・ 開票作業が円滑かつ迅速に進むよう、開票（選挙）立会人の協力を促します。

・ 何らかの事情で、開票（選挙）立会人の投票の点検・確認に時間を要する場合は、最小限の人員を残して、他の担当業務が終了している開票事務従事者は開票所（選挙会場）から退出させることとします。

(3) 参観人に関する留意点

・　参観人の席は、できるだけ間隔を空けて配置します。施設における既存の座席の間隔が狭いときは、着席させない席にテープ等を張るなどして、適正な間隔を確保します。

・　参観人席が過密となる場合は、入場制限をすることにより対応します。入場制限をするときは、事前に選挙管理委員会のホームページ等で、その理由とともに周知しておきます。

・　参観を希望する選挙人に対して、事前に市区町村の選挙管理委員会のホームページや広報紙等で感染防止のためにマスクを着用すること、発熱・咳等の症状がある場合は参観を控えてもらうことを呼び掛けておきます。

・　マスクを着用せずに参観に来た選挙人にはマスクの着用を要請し、持参していない場合にはマスクを提供します。マスクの着用を拒否された場合は、咳エチケットの徹底を要請するとともに会話を控えてもらうなどして、飛沫感染防止のための注意喚起を徹底します。

・　以上の対応とともに参観人席入口付近にはアルコール消毒液を配置して、手指消毒を促します。

・　参観人席には、できる限り、靴のまま入場できるようにします。会場の都合上、スリッパを使用する場合はスリッパを消毒しておきます。

・　参観人が使用した後の未消毒のスリッパが再度使用されることがないよう、確実に回収して、未使用のものと使用後のものとを確実に分類することとします。

<開票所における周知用掲示の記載内容例>

・ 感染症対策のため、マスクの着用をお願いします。
・ 感染症対策のため、アルコール消毒液による手指消毒を
  お願いします。
・ 発熱、咳等の症状のある方は、参観をご遠慮ください。
・ 「三密」防止のため、参観をご遠慮いただくことがありま
  す。感染症対策のためご協力をお願いします。
・ 「咳エチケット」のご協力をお願いします。
・ できるだけ間隔を空けて参観してください。
・ 帰宅後はうがい・手洗いをしてください。

10. 当日投票所、期日前投票所または開票所（選挙会場）の施設で感染者等が発生した場合の措置

(1) 施設の閉鎖と消毒の実施

　当日投票所、期日前投票所または開票所（選挙会場）を設置する施設（現に期日前投票所を開設している施設を含みます。以下同じです。）において、感染者等の発生が判明した際の施設の閉鎖・消毒等の措置については、事前に管轄する保健所・保健福祉関係部局等に確認しておき、速やかに対応が可能となるように備えます。

　特に連絡体制や選挙管理委員会側での対応内容については、現実に感染者等の発生が判明した際に、直ちに対応できるよう確実に調整し、把握しておきます。

(2) 保健所の指導により当該施設の利用が再開できない場合の対応

　保健所の指導により消毒を実施することによっても、なお当該施設の利用ができない場合は、一般的には、次のような対応を取ることになります。

① 投票所および開票所（選挙会場）については、代替施設を確保して、投票および開票（選挙会）を実施します。この場合において、当該市区町村に係る公共施設を代替施設とすることが困難な場合は、当該投票区または開票区の区域外の公共施設や民間施設も含めて、代替施設を確保することとします。

　なお、告示日以降に感染者等が判明して施設の利用が不可能になった場合は、5.（3）、9.（1）でも述べたとおり、投票所や開票所（選挙会場）の告示に関する公職選挙法第41条、第64条等の規定に留意してください。

② 期日前投票所において事態が発生したときは、公職選挙法第48条の2第3項の規定により、当該期日前投票所は閉鎖することとなります。新たな期日前投票所の設置や既存の期日前投票所の開設時間・時間の延長については、当該市区町村の事情に応じて速やかに判断することとなります。

```
＜参考＞公職選挙法
第48条の2（期日前投票）　1〜2（略）
3　天災その他避けることのできない事故により、期日前投票所
　において投票を行わせることができないときは、市町村の選挙
　管理委員会は、期日前投票所を開かず、又は閉じるものとする。
```

なお、公示または告示の日の翌日以降に事態が発生して期日前投票所を閉鎖したときは、公職選挙法第48条の2第4項の規定によりその旨を直ちに告示し、その後一旦閉鎖したものを再び開く場合も、直ちに告示をしなければなりません。

　また、当該場所を他の場所に変更した場合は、公職選挙法第48条の2第6項で準用する公職選挙法第41条の規定に留意してください。

(3) 選挙人等への必要事項の速やかな周知

・　当日投票所、期日前投票所または開票所（選挙会場）を設置する施設において感染者等が発生したことが判明したときは、直ちに保健所・保健福祉関係部局等と連絡調整の上、状況を把握し、選挙管理委員会の委員長および各委員に報告し、委員会の了承を得た上で、速やかに事実関係とその後の対応を報道機関等に公表することとします。

　公表にあたっては、事前に都道府県の選挙管理委員会に速やかに電話等で一報を入れ、その上で関係部署と公表内容等を調整して可及的速やかに作成した報道機関への公表資料を都道府県の選挙管理委員会にメール等で送付して、情報の共有に努めます。公表しない場合でも概要を公表するのが適当です。

・　当日投票所、期日前投票所を設置する施設を消毒後に使用するにあたっては、選挙人が感染への不安や懸念を抱かないように、実施している感染防止にかかる安全対策について十分かつ的確な説明をするように努めます。

・　期日前投票の期間中において、期日前投票所の閉鎖、増設等を行う場合や投票所入場券を発送後に投票所の場所を変更するときも、選挙人を混乱させないよう、あらゆる手段を用いて十

分な周知を行います。

　対象となる選挙人への周知については、取り分け選挙管理委員会のホームページでの掲載やチラシの配布、当該市区町村のホームページや広報紙への掲載に加えて、防災無線や町内会、自治組織の回覧板などの活用も有効です。場合によっては巡回広報車での周知も検討すべきでしょう。

（4）当日投票所または期日前投票所で投票した選挙人が、その後感染者等であることが判明した場合の対応

・　当日投票所または期日前投票所で投票した選挙人が、その後感染者等であることが判明しても、原則として、当該当日投票所および期日前投票所で投票した他の選挙人へ、その旨の個別周知は行いません。

・　当該当日投票所および期日前投票所で投票した選挙人から感染者等の発生が判明した場合は、保健所による疫学調査が行われ、当該感染者との濃厚接触者であることが特定された者に対しては、自宅療養や宿泊療養施設における健康観察とともに、外出自粛の要請等を行うこととなります。

・　個別に保健所・保健福祉関係部局等から何らかの指示があれば、それに従います。

・　当該当日投票所および期日前投票所で投票した選挙人から、感染しているかどうか検査を受けたいといった問い合わせがあった場合は、一般的な問い合わせ先を案内します。

11．その他の留意点

・　総務省選挙部から「選挙の管理執行における新型コロナウイ

ルス感染症への対応について」の技術的助言の第 1 報が令和 2 年 2 月26日に発出され、その後第 6 報（令和 3 年 4 月末現在）以降も重要な技術的助言が発出されています。これらの助言を基本に据えながら、各市区町村の実情を十分に勘案して必要事項を定め、選挙人や事務従事者等の感染防止に最大限努めます。

- 　感染症対策には、通常の選挙執行経費とは別に、アルコール消毒液やフェイスシールド、マスクその他の装備品にかかる経費が必要になります。必要な備品等のリスト、必要な数量、それに基づく必要経費の見積もりを誤らないように、周到な準備が必要です。これまでにコロナ禍において選挙を執行した先行事例を参考に、各市区町村の実情に応じた準備を進めます。

- 　「withコロナ」の状況下における市区町村の選挙管理委員会での業務への対応については、あくまでも選挙人の感染防止とともに、選挙事務関係者の感染をも防止することを基本に据えて、いかなる状況下においてもミスのない適正かつ円滑な選挙管理執行業務の遂行を期さねばなりません。選挙の管理執行業務を担当する者としては、平常時・選挙時を問わず、引き続き新型コロナウイルス感染防止のために、ウイルスの感染に繋がる「飛沫」と「接触」を防ぐことを基本としながら、

　　① 　咳エチケット

　　② 　手指洗浄・消毒

　　③ 　「三密」（密閉、密集、密接）回避

　　④ 　投票のための外出以外の「不要不急の外出」の自粛

の 4 点の実践を徹底して、いまだに出口の見えない「with コロナ」状況下での各種選挙の適正な管理執行に努めていくことが求められます。

第3章

選挙管理執行における新型コロナウイルス感染症対策　実例集

　各選挙管理委員会では、コロナ禍においても選挙人の皆さんが安心して投票に臨めるよう、それぞれ独自の感染症防止マニュアルや体制を整備し、選挙を管理執行しています。本章では、各選挙管理委員会のこれまでの実務事例のうちから、これからの参考としていただきたく、取り組みの一部を抜粋してご紹介します。

1．衆議院議員補欠選挙（令和2年4月26日執行）

　～独自の「除菌・消毒セット」で感染防止対策を徹底
　　静岡市選挙管理委員会

（1）除菌・消毒セット

　静岡市選挙管理委員会では、投票所での新型コロナウイルス感染症対策の徹底を図るため、独自の「除菌・消毒セット」を作り、各投票所に配布、除菌・消毒方法を共有しました。

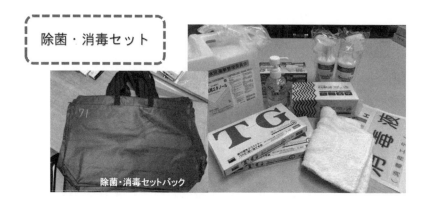

除菌・消毒セット

除菌・消毒セットバック

【引き渡し】

投票日に区役所に投票用紙を取りに来る投票管理者または事務従事者に手渡します。車に持ち込む際は本部職員が一緒に運びます。

【セット内容】

① 消毒用エタノール（手指用）5ℓ または 小ボトル

　　※ アレルギーなどでエタノールが使用できない選挙人がいる場合は使い捨て手袋をすすめます。

② プッシュ式ボトル（手指用）

③ 次亜塩素酸消毒液（商品名：エコノアクア）

テーブル、鉛筆等の物品の消毒に使用します。使用の際は使い捨て手袋を使用してください。

　　※ 塩素が強いため、皮膚に付けないよう注意してください。

④ 使い捨て手袋 L・M

使い捨て手袋は入口に置き、手・指の消毒をしてから、自由にお取りいただきます。

⑤ ペーパータオル

次亜塩素酸消毒液で物品（鉛筆、机等）を拭く際に使用してく

ださい。

⑥　ぞうきん

　次亜塩素酸消毒液で物品等を拭く際に使用するなど、多用途に使用してください。

⑦　除菌ジェル

　消毒用エタノールの交換時など、エタノール液が使用できない場合の入場者へ使用してください。

⑧　ハンドソープ

　手洗い用として洗面所、トイレに設置し使用してください。

⑨　マスク

　立会人、事務従事者用です。

⑩、⑪　鉛筆回収箱、消毒済鉛筆立て

　投票用紙と同時に消毒済の鉛筆を渡し、出口で回収するようにお願いします。

⑫　各種ポスター

　消毒液の設置場所に貼るなどしてください。

⑬　アクリルカバー（3枚）

　飛沫防止カバー。受付、名簿対照係、投票用紙交付係の前に置くなどして活用します。

【注意事項】

①　残った物品はバッグに入れて返却してください(返却方法は後述)。

②　消毒用エタノール5ℓに付けた注ぎ口は必ず元の袋に入れて返却してください。

③　空になった5ℓタンクは回収するので必ず返却してください。

④ プッシュ式のボトルに入れた消毒液は元のタンクに戻して、

　　プッシュ式ボトルは空にして返却してください。

　　（返却の際の液漏れ防止のため）

⑤ 濡れたぞうきんは返却せず、必ずゴミ袋に捨ててください。

【返却チェックリスト】

　　返却の際は「除菌・消毒セット　返却チェックリスト」でチェックし、チェック後は除菌・消毒セットバッグに入れて返却してください。

除菌・消毒セット　返却チェックリスト　第＿＿＿＿＿投票所

開票所へ送致する際に返却願います。

No	配　布　物	要返却	返却の際の注意	✔
1	消毒用エタノール	◎	・キャップをしっかり閉める ・カラ容器、注ぎ口(5ℓ)も返却	
2	プッシュ式ボトル	◎	・元の容器に戻し入れ、空にし、ビニール袋へ入れて返却	
3	次亜塩素酸消毒液 （エコノアクア）	◎	・残っている場合、出口を閉める ・カラ容器も返却	
4	使い捨て手袋L・M	◎		
5	ペーパータオル	○	＊残っている場合のみ返却	
6	ぞうきん	○	＊未使用のものだけ返却 　使用済はゴミ袋へ捨てる	
7	除菌ジェル	◎	＊残っている場合のみ返却	
8	ハンドソープ	◎	＊ビニール袋に入れて返却	
9	マスク			
10	鉛筆回収箱	◎		
11	消毒済鉛筆立て	◎		
12	各種ポスター		＊返却なし（ゴミ袋へ）	
13	アクリルカバー 【土台付】	◎		
14	ゴミ袋	○	＊残っている場合のみ返却	
15	チェックリスト	◎		

★配布数等は各投票所の有権者数によって違います。

【搬出】

　投票終了後、開票会場に持ち込んで返却します。

① 開票所への送致の際に「除菌・消毒セット」と使用済み手袋の入った袋を投票箱と一緒にタクシーのトランクに乗せて送致します。

② タクシーで開票所に到着後は、通常の送致書類、事務用品等を持ち会場に入ります。投票箱と「除菌・消毒セット」、使用済み手袋の袋については、投票箱受領班が運びます。

(2) 投票所におけるコロナウイルス対策

　各投票所に配布した「除菌・消毒セット」を使った具体的な除菌・消毒の方法を、あらかじめ各投票所の事務従事者に共有しておきます。

① 事務従事者の対策

・　事務従事者はマスク、使い捨て手袋を着用してください。

・　体調が悪くなり、事務を続けられない場合は投票管理者に告げ、投票管理者は本部まで連絡をしてください。

・　エタノール液を使用し、こまめに手や指の消毒を行ってください。

② 投票所の消毒・換気方法について

【消毒箇所】

　選挙機材・用品：投票箱、記載台、机、鉛筆等

　施設内：トイレ、控室ドアノブ等

【消毒・換気方法】

- 次亜塩素酸消毒液（商品名：エコノアクア）を使用する際は、使い捨て手袋をしてください。
- 使用方法は次亜塩素酸消毒液を対象物に直接かけるか、ペーパータオルにスプレーして拭き取ってください。
- 消毒は定期的（午前10時、午後2時、午後6時目途）に行ってください。
- 室内の換気を必ず実施してください（当日の天候にもよりますが、できる限り窓の開放を実施してください）。

③ 投票者への対策
●使い捨て手袋の配布について

【投票所入口】
　「使い捨て手袋」を入口に置き、手指の消毒をした方に自由に取っていただきます。ポリエチレンやゴムアレルギーの方もいるため、強制ではありません。

　| 表示札 |　「使い捨て手袋をご用意しております。手指の消毒をしてから、ご自由にお取りください」

【投票所出口】
　出口付近に使用済み手袋用のゴミ袋を設置し、使用した手袋を捨てていただくよう、声掛け等をしてください。

※　配布の手袋は産業廃棄物となるため、分別の必要があります。他のゴミが入らないように声がけを徹底してください。

●記載用の鉛筆について
- 鉛筆を記載台に置かないでください。
- 鉛筆を持参した選挙人は、持参した鉛筆を使用して投票用紙

に記入できます。鉛筆以外の筆記用具(シャープペンシルやボールペン)も拒否できません。

・　投票用紙交付係が投票用紙を渡す際に、消毒済の鉛筆を選挙人に渡してください。もしくは、消毒済鉛筆立てから選挙人自身に鉛筆をとってもらう方法もあります。

・　投票後は鉛筆を出口付近でトレーにより回収してください。

・　回収後は次亜塩素酸消毒液をペーパータオルにスプレーして、鉛筆の持ち手部分を拭きとって消毒します。

 →  →

①鉛筆回収　　　　→　　　②鉛筆の消毒　　　→　　　③消毒済の箱に入れる

●アクリルカバー

　飛沫防止のため、受付係、名簿対照係、投票用紙交付係の前に設置してください。

(写真はイメージです)

●密接、密集をつくらないために

　会場に合わせて、待機中の投票者には間隔を空けて立つなどの指示や表示をしてください。

・　名簿対照など手続きを待つ位置がわかるように、床に1〜2mの間隔でテープを貼るなど、わかりやすい表示をします。

・　記載台の数や投票所の状況に応じて、記載台の間隔を空けるなどしてください。

写真はガムテープを
貼ってあります

●エタノール液等の補充

　補充用のエタノール液を配布します。不足の場合は、早めに本部へ連絡してください。本部職員が補充に向かいます。

2. 富山県知事選挙（令和2年10月25日執行）

　〜各投票所でパーテーションを手作りできるセットを用意
　　富山市選挙管理委員会

（1）市広報での選挙人への周知

　富山市選挙管理委員会では、当日投票所および期日前投票所での新型コロナウイルス感染症対策の徹底を選挙人に周知し、安心して投票に訪れてもらうために、市の広報紙「広報　とやま」で、以下の事項を周知しました。

① 投票所における対策

・　すべての投票所に消毒液を設置します。

・　投票所の職員はマスクを着用します。

- 名簿対照係および投票用紙交付係の前には、飛沫防止フィルムを設置します。
- 投票所は適宜消毒、換気を行います。

② 投票される方へのお願い

- マスクの着用をお願いします。
- 投票所に設置してある消毒液で手指を消毒してください。
- 周囲の方と距離を保ち、対面・会話を避けてください。
- 混雑や集中緩和のため、期日前投票を活用してください。
- 投票用紙記入の際には、消毒を行った鉛筆をお渡しします。鉛筆やシャープペンシルの持ち込みも可能です。

(2) 各投票所への申し送り

　市内の各投票所には、投票所における感染症対策について、総務省からの通知に基づいて、次の感染対策の実施を徹底するよう申し送りました。

① 三密（密閉、密集、密接）防止のための投票所の設営をお願いします。

- 三密にならないように投票記載台の隣り合う区画を使用できないようにしてください。
- 投票所の混雑状況に応じて選挙人の入場整理をお願いします。
- 投票管理者・立会人、事務従事者の席は一定の間隔を確保してください。
- 事務従事者の休憩スペースで三密とならないように配慮してください。

② 投票所の入口には消毒液を設置してください。

③ 定期的に投票所の換気をしてください。

④ 投票記載台や鉛筆など複数の者が触れるような箇所を十分に
消毒してください。

⑤ 鉛筆は投票記載台に設置せず、投票用紙交付係付近に用意し
て、選挙人に直接取らせるように促してください。使用後の鉛
筆は、投票箱の隣などに回収かごを設置し、回収してください。

回収した鉛筆は消毒をお願いします。選挙人には鉛筆等の持ち込みを推奨します。

※　鉛筆を投票箱に投かんしてしまわないよう監視してください。

⑥ 投票管理者および投票立会人、事務従事者のマスク着用および咳エチケット、手洗い・消毒液による手指消毒を徹底してください。

⑦ 名簿対照係、投票用紙交付係の前に飛沫防止パーテーションを設置してください。

　　飛沫防止パーテーションは次の用具を使用して、各投票所にて作成をお願いします。

(使用する用具)
ポール　2本
ビニールシート（900mm×2000mm）　1枚
ピンチ　4つ
養生テープ

① 　ポールを養生テープ等で机に固定します。

② 　ポールにビニールシートを巻き付けピンチで挟み固定する。

⑧ 投票用紙交付機から発券された投票用紙を選挙人に直接取ら
せるようにしてください。その際、必ず2枚重なっていないか
選挙人に声かけを行ってください。

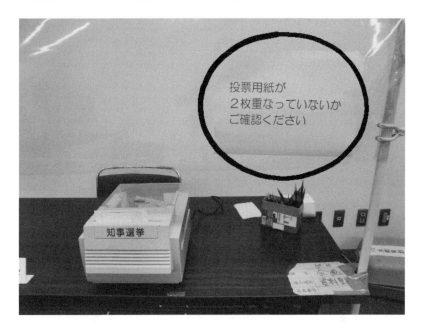

⑨ 使用後の施設については、複数の者が接触する箇所（ドアノ
ブ、手すり、テーブル等）や借用備品の拭き取り消毒を基本と
して対応をお願いします。

投 票 所 設 置 略 図 （例）

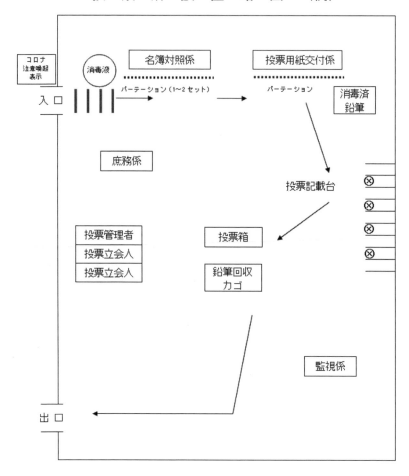

（3）感染者等、感染が疑われる者への対応について

　各投票所に感染者等が来場した際の対応については、以下の申し送りを共有しました。

・　現在の公職選挙法では「感染症の予防および感染症の患者に
　　対する医療に関する法律」の規定により、外出制限されている

自宅療養者等に対しての投票における特別な規定は設けられていないため、通常の有権者と同様の投票制度しか利用できません（当日投票、期日前投票、滞在地の不在者投票のみ可能）。

・　選挙管理委員会では感染者等の外出可否については判断できないため、万が一、感染者等から問い合わせがあった場合は医師（病院）等に確認するよう案内してください。

・　感染者または感染が疑われる者（体調不良を訴える者等）が投票所等に投票に来た場合は、当該選挙人の人権に配慮しながらも他の選挙人や事務従事者の安全確保のために下記に沿って対応すること。

➡　マスクを着用していない場合は、マスクを配布して着用させる。

➡　使い捨て手袋を配布し、着用させる。

➡　他の選挙人と一定の間隔を空けて受付させ、当該選挙人が投票を完了するまで他の選挙人には入場を待ってもらう。

➡　使用後の投票記載台および鉛筆、鉛筆用のかご等、当該選挙人が触れた物の消毒を徹底する。

※　なお、公職選挙法上、新型コロナウイルスに感染していることや感染が疑われることを理由に投票を拒否することはできません。体調不良を訴える者等に対して安易に投票を拒否するようなことがないよう十分に注意してください。

3．茨城県古河市長選挙（令和2年11月29日執行）

〜オリジナル動画で投票所の感染症対策を紹介
　古河市選挙管理委員会

古河市では、令和2年11月29日に任期満了に伴う市長選挙を執

行するに先立って、同選挙における新型コロナウイルス感染症対策をホームページ等で周知する際に、古河市のご当地選挙啓発キャラクター「はなももめいすいくん」のペーパークラフトを職員が手作りし、動画と静止画で感染症対策を紹介しました。この取り組みは新聞等にも取り上げられ、話題を呼びました。

　動画は5分間で、「はなももめいすいくん」が、投票記載台や鉛筆の消毒などを説明・実演する様子が映し出され、感染症対策や選挙人へのお願いや注意点をわかりやすく表現しています。同時に、過去の選挙で投票所が混雑する時間帯をグラフで表示、混雑する時間帯を避けての来場や期日前投票を呼び掛けました。

●投票所（期日前投票所含む）における取り組み

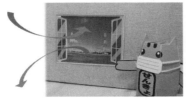

投票所内は定期的に窓を開け換気に努めます。

投票所出入口に消毒液を設置します。

投票管理者・立会人、投票所職員は全員マスクを着用し、定期的に手洗い、うがいをします。

マスクのほかに、投票用紙交付係は使い捨て手袋を、皆さまを案内する整理係はフェイスシールドを着用します。

受付および投票用紙交付の場所では、来場者と投票所職員の間に飛沫感染防止パネル等を設置します。

投票所の鉛筆や記載台は定期的に消毒します。

希望者には、未使用の使い捨てクリップ鉛筆をお渡しします。

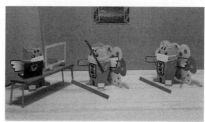

投票所の床には、動線やほかの方との距離を保つための表示をします。

投票所へ来場する際はマスクを着用し、投票所来場前後の手洗い、うがい等をお願いします。

投票所入場前に、手指の消毒にご協力ください。

投票所の鉛筆は消毒いたしますが、皆さまが鉛筆・シャープペンシル等を持参して投票所で使用することもできます。

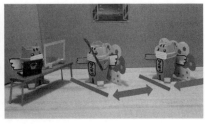

投票所内では、周りの方との距離を保つようお願いいたします。

来場前には検温していただき、37.5度以上の発熱または体調不良等がある人は、投票所係員にお声がけください。

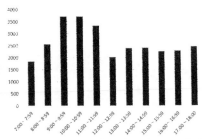

投票所が混雑する時間帯を避けた投票をご検討ください。

４. 千葉県知事選挙（令和３年３月21日執行）

〜新型コロナＱ＆Ａを作成

　　柏市選挙管理委員会

　柏市選挙管理委員会では、令和３年３月21日執行の千葉県知事選挙を前に、選挙執行に際しての新型コロナウイルス関連の対策を端的にまとめた「新型コロナＱ＆Ａ」をまとめ、事務従事者はじめ関係者に共有しました。

■新型コロナＱ＆Ａ

質問種別：①対策、対策用品のこと、②消毒のこと、③レイアウトのこと、④ごみのこと、⑤クレーム対応、⑥その他

No	質問種別	質　　問	回　　答
1	①	どんな時に選挙人へ手袋を配布するのですか？	原則、選挙人に手袋は配布しません。ただし、アルコール消毒液にアレルギーがあるために消毒できない方に対し、手袋の使用を勧めたり、選挙人から手袋を要求された場合のみ提供するものとします。
2	①	どんな時に選挙人へマスクを配布するのですか？	原則、選挙人にマスクは配布しません。ただし、選挙人がマスクを忘れてきてマスクの提供を求められた場合や、マスクをせずに来場した選挙人のうち明らかに咳などの風邪の症状がある方にマスクの着用をお願いする場合のみ、配布するものとします。投票所内のマスクの着用は必須ではありません。着用の無理強いはトラブルの元となるのでご注意ください。また、投票所入口には、マスク着用のお願い、または咳エチケットの協力を依頼する掲示物を掲げてください。

3	①	選挙従事者はマスクとフェイスシールドの両方をしなければなりませんか?	従事者はマスクを必ず着用してください。選挙人と話す機会が多い案内係や受付係などは、安全のためマスクとフェイスシールドを両方装備することをお勧めします。投票立会人の方にもマスクは必ず着用していただいてください。希望される場合はフェイスシールドもお渡しください。
4	①	選挙人がご自身で持参した筆記具を使用させてよいですか?	使用させてかまいません。ただし、鉛筆やシャープペンシル以外の筆記具は、インクが滲んだり他の投票用紙を汚損するなどして文字が読み取れなくなるおそれがあります。できれば投票所に用意した消毒済みの鉛筆を使用することを勧めてください。なお、候補者の名前のスタンプなど、自書とはならない形での記入は無効となるのでご注意ください。
5	①	投票所内の換気の方法は?	厚生労働省は「2方向の窓を、1時間に2回以上、数分間程度、全開にする」ことを推奨しています（県選挙管理委員会は30分に1回）。投票所は基本的に出入口を開放していますが、出入口が1か所のみのところは、窓を開けて積極的に空気の流れを作ってください。投票所の換気の効果を上げるため、扇風機やサーキュレーターがある投票所は積極的に使用してください。一般的な空気清浄機は、通過する空気量が換気量に比べて少ないため、使用する場合は場内換気の補助的な役目として使用してください。
6	①	選挙人同士の間隔はどれくらい空ければよいですか?	距離が取れる場合は2mが理想ですが、場所や混雑状況の関係で困難な場合は、最低1m以上の間隔を空けるようにご案内してください。順番待ちの列のところには、床面に貼付できるステッカー（選挙管理委員会か

			ら配布）を使用して、選挙人同士が密とならないように注意喚起してください。
7	①	従事者は手洗いをした方がよいですか？	手袋をしていない方は、感染しない・させないために、こまめに手洗いすることを推奨します。手指に付着したウイルスは、流水による15秒の手洗いだけで100分の1の数に減らすことができ、石鹸やハンドソープで10秒もみ洗いし流水で15秒すすぐと1万分の1に減らすことができます。なお、手洗いの後のまだ乾いていない手指にアルコールを吹き付けても、アルコールの濃度が下がり消毒の効果が薄れてしまうのでご注意ください。
8	①	手指消毒液の濃度について。ボトルのラベルに「〇〇%」の表示が無いことについて質問・指摘があった場合の対応はどうしたらよいですか？	今回ご用意したアルコール消毒ジェルのアルコール濃度は「75%」で十分に消毒の効果があるものです。メーカーから取り寄せた製品説明書では濃度75%であることが説明されていることを確認している旨を伝えてください。製品のラベルに「75」のように%の単位表示がないのは、医薬品販売許可のないメーカーが化粧品として製造・販売しており、規制により%表示ができないこととなっているためです。新型コロナウイルス禍により様々なメーカーが消毒液を製造・販売しています。大量の消毒液を確保するために入手した商品である旨をご理解いただけるようご説明ください。ご納得いただけない（消毒拒否の）場合は、手袋をお渡しして装着していただく／触れる鉛筆や記載台を消毒した上でご利用いただく、などの方法をとってください。また、必要に応じて選挙管理委員会事務局までご連絡ください。

9	①	余った対策用品（消耗品類）はどうしたらよいですか？	未使用で、ウイルスに汚染された心配のないものは、今後の選挙で使用する場合もあるので、選挙管理委員会事務局にお返しください（倉庫にしまってください）。アルコール、スプレー類は、中身が残っていればお返しください。施設に置いていくこと（寄附）はお控えください。
10	②	手の消毒はすべての来場者に強要するべきですか？	アルコールアレルギーの方もいらっしゃるので、消毒液の利用は個人の判断におまかせしてください。ただし、新型コロナウイルス感染症対策の観点からアルコール消毒のご協力のお願いは必ずしてください。
11	②	ビニール手袋をしている従事者の手指消毒はどうしたらよいですか？	手袋をしたままアルコールを吹き付けて揉んでください。ただし、強くこするとビニールが破けてしまうおそれがありますのでご注意ください。在庫量が少量のため、使い捨てではありません。大切にご利用ください。
12	②	記載台の消毒の頻度は？	県の選挙管理委員会からは、「定期的な拭き取り消毒」を要請されています。できるだけ選挙人が使用するたびに消毒することが望ましいですが、混雑している場合は、1人ごとの消毒にこだわらずに、列が途切れたところで消毒してください。（選挙人から要望があれば、その場で消毒して差し上げてください）選挙人が記載台から離れてすぐに消毒を行うと選挙人に悪い印象を与えるおそれがある（「俺をばい菌のように扱うな！」等）ので、留意してください。
13	②	投票所閉鎖時の消毒は	手指の触れるところ（ドアノブ、引き戸の取っ手部分、トイレの洗浄タンクのつまみ、

102

		どうしますか？	蛇口のつまみ等）、机、椅子の背もたれ・座面等、エアコン等のリモコンや、その他備え付けの物品や家具類など、口からの飛沫がかかりそうな部分も拭きあげてください。また、施設管理者から徹底した消毒を依頼されるようでしたら、床面の消毒なども実施してください。ただし、選挙後に保管庫にしまってしまうような机類やビニールマットは消毒しないで結構です。その他、鉛筆、パソコンなど選挙管理委員会に返却する物品類も消毒するようにお願いします。
14	②	開票所へ運び込む物品は消毒しますか？	投票箱、トランク、黒かばん、パソコン類などは消毒液を吹き付けたペーパータオルで表面を拭きあげてから開票所へお持ちください。トランクの中身（文房具類等）についても、可能な限り消毒してから返却していただけると助かります。
15	③	入口に置く手指消毒用アルコールは、会場内の受付係の机に置いてはいけませんか？	入口に入ってからの手指消毒は、混雑の原因となるおそれがあります。入口の外に置くことで、並んでいる間に消毒していただくことができます。また、投票用紙を触るまでに手指のアルコールが乾くよう、手指への塗り伸ばしをお勧めしてください。
16	④	使用済みのマスクや手袋はどのように廃棄しますか？	使用済みの対策品については、一般ゴミと分ける必要はありませんが、ゴミ袋の口を縛って使用してください。追加で廃棄するものがある場合は、口を開き、廃棄後に再度縛ってください。ゴミは可燃ゴミと不燃ゴミに分別してください。使用済みのペーパータオルやシール・テープ類はピンク色

			の可燃ゴミ用の袋に、ビニール手袋やポリ手袋、フェイスシールド、飛沫感染防止シートの使用済みビニールシートは黄色の容器包装プラスチック類用の袋に廃棄してください。投票終了後は、ゴミ袋ごと倉庫に入れておいてください。ただし、汚れや悪臭の原因になりますので、飲食で使用した容器類や紙コップ、PETボトル、お茶殻等の生ごみなどは各自お持ち帰りください。
17	⑤	「新型コロナウイルスがまん延している中でなんで選挙なんかするんだ!」との苦情があった場合の応対は?	以下のことをお伝えし、<u>投票所・開票所の感染対策はしっかりしているのでご理解とご協力をお願いする旨をお話ししてください</u>。ご納得いただけない場合は、選挙管理委員会事務局へご相談ください。 【回答例】新型コロナウイルス感染症の感染拡大が心配されているところですが、政治の空白期間を生じさせることは好ましいことではなく、公職選挙法に則り選挙を行うこととなりました。令和2年3月4日付の総務省からの通知では、新型コロナウイルス感染症への対応として各種イベント等の中止、延期または規模縮小等の対応を要請していますが、「選挙については、要請対象であるスポーツ、文化イベント等には該当しない」とされています。さらに緊急事態宣言下の同年4月7日には安倍首相が「選挙は民主主義の根幹をなすもの。『不要不急の外出』にはあたらない」と国会答弁しています。以上のことから、(千葉県知事)選挙は執行せざるをえないことをご理解ください。
18	⑤	「新型コロナ感染症の	陽性者が発生した施設は、一時閉鎖し、消毒を行った上で施設を再開させています。

		陽性者がいた施設で投票するのはいやだ」との苦情があった場合の応対は？	また、厚生労働省のホームページによれば、新型コロナウイルスが残っていたとしても、およそ24時間から72時間（3日間）で感染力を失うとのことです。さらに投票所は各種感染対策（マスク着用、飛沫防止シート、消毒用アルコール設置等）を施している他、室内を換気し、机や椅子等を消毒液で拭きあげています。選挙人におかれてはご理解とご協力をお願いいたしたい旨をお話ししてください。
19	⑥	風邪の症状がある等、新型コロナウイルスの感染が疑われる選挙人の投票を拒否することはできますか？	拒否できません。そのような方が来場した場合、他の方との安全な間隔を空けて投票させてください。手指を消毒するかポリ手袋を配布して着用させ、また、マスクをしていない場合はマスクを配布し着用させてください（手袋やマスクの着用を拒否する場合は、無理強いせず、咳エチケットのお願いをしてください）。該当の選挙人の次の順番の選挙人には、入場を一定時間お待ちいただいてください。該当の選挙人が投票用紙への記載を終える頃合いを見計らい、記載台を消毒してから次の方を入場させてください。応対の際は、該当の選挙人の人権に十分配慮しつつ、他の選挙人や事務従事者の安全を確保するために、上記の対応に従っていただくようお話しください。なお、マスクを着用せずに咳き込むなどしたことにより周囲の選挙人とトラブルになるなどして投票所内の秩序が維持できないと判断した場合、投票管理者は公職選挙法第60条（投票所における秩序維持）の規定により、退出を命じることができます。

20	⑥	新型コロナウイルス感染症への対策として、当日投票所への集中を避けるため期日前投票の積極的な利用を呼び掛けていますが、新型コロナ対策として期日前投票を行うことは期日前投票事由のどれに該当しますか?	事由の6「天災または悪天候」に該当することが総務省から通知されています。（令和2年3月4日付総行管第94号）
21	⑥	マスクを着けていないような子どもは、入場を断ったほうがよろしいでしょうか?	子どもなど18歳未満の同伴者や、介護者など投票管理者がやむを得ないと認めた者は投票所に入ることができます（公職選挙法第58条）。また、投票管理者は混雑やけん騒など秩序を乱す者を投票所に入れさせないことができます（同法第58条、第60条）。しかし、疾患やマスクをしていないこと等を理由に、投票所に入場させないなど投票の権利を奪うことはしないでください。当該お子さんが感染を誘発するおそれのあるような場合は、その後の選挙人の入場まで少し間を置き、お子さんが触れたところを消毒してください。

第4章
選挙管理執行における新型コロナウイルス対策関連　Q&A集

　当研究会の会員自治体から寄せられた新型コロナウイルス感染症に起因する選挙執行等に関する質疑等の中から、最近の主なものをQ&Aにまとめました。なお、回答はあくまでも当研究会の見解であることに留意してください。

1．不在者投票

Q1 不在者投票用紙（BPコート紙）に新型コロナウイルスが付着した場合、ある研究機関の調べでは、感染力は低下するものの、72時間は残存するとされています。このことを踏まえ、指定施設である病院から送致されたコロナ患者の不在者投票用紙の取り扱いについて、次の点を教えてください。

① 　コロナ患者の不在者投票用紙であることが投票管理者や立会人に知られることについて、人権的に配慮する必要はありますか。

② 　投票所に送致した不在者投票用紙（投票から開票まで72時間経過しないもの）を投函した場合、他の投票用紙と混ざってしまい、開票事務従事者や開票立会人の感染リスクを高めてしまうことになるため、別の投票箱に投かんするなど

の方法を検討していますが、そのようなことは可能でしょうか。

③　コロナ患者の代理投票を病院スタッフがすることができ
れば、感染リスクがなくなると考えていますが、そのような対
応は可能でしょうか。可能であれば注意点などはありますか。

A　感染予防のほか、投票の秘密保持に注意が必要です。

①　新型コロナウイルスの拡散の防止への対応のため、その不
在者投票用紙がコロナ患者のものであることについて、投票
管理者や立会人が知ることとなっても、支障はないと考えら
れます。この場合、選挙人の人権への配慮のうえ投票の秘密
に十分留意するとともに、守秘義務が課せられていることを
念頭に置いておかねばなりません。

②　指定施設において感染者等の不在者投票を実施する場合の
留意点は、以下のとおりです。

・　特に投票を実施する場所を設けて不在者投票を行う場合に
は、極力「三密」防止に配慮（選挙人同士や不在者投票の立
会人、事務従事者の間隔の確保、定期的な換気の実施等）する。

・　他の入院者、入所者、不在者投票の立会人、事務従事者等
への感染を防止するため、記載場所の机、テーブル、椅子等
をアルコール消毒液で消毒してもらう。ベッド上で不在者投
票を行う場合も同様とする（逐条解説（改訂版）上P.498、ポ
17次P.520）。

・　不在者投票の立会人、代理投票補助者2人、不在者投票の
事務を行う施設のスタッフはマスクやビニール手袋等を着用
し、素手で投票用紙等に触れることがないようにしてもらう。

・　感染者等が不在者投票を行うときは、必ずマスクやビニー

ル手袋等を着用してもらい、素手で投票用紙等に触れること
がないようにしてもらう。

・　投票が終了した不在者投票（封筒）を選挙管理委員会に送
　付するときは、郵送等の封筒の表面に、感染者等のものが入っ
　ていることが分かるようにしてもらう。

・　感染者等が不在者投票を行った指定施設から選挙管理委員
　会に送付された投票記載済みの不在者投票は、必ず手袋を着
　用して取り扱い、他の不在者投票とは分離して保管するなど、
　十分注意して取り扱うようにする。

・　投票日当日に、指定投票区の投票所において、不在者投票
　の受理、不受理の決定の事務を行う従事者は、必ず手袋を着
　用し、直接素手で投票用紙等に触れることがないようにして
　もらう。

・　また、当該投票所に訪れた選挙人とは、できるだけ距離を
　置いた場所で作業をして、新型コロナウイルスの拡散の防止
　に留意する。

・　各地での郵便物の遅配や郵便局の営業時間の短縮もあり得
　ることから、投票用紙等の請求や投票記載済みの不在者投票
　の送致については、早め早めに行うよう、指定施設側に要請
　しておく。

＜感染症対策のため、指定施設側に依頼する例＞
　感染者等が投票用紙等に記載する際には、感染者等本人およ
び同席する施設のスタッフともにマスクおよび手袋の着用をお
願いいたします。また、感染者等本人が素手で直接投票用紙等
に触れることがないようにご協力をお願いいたします。

③　代理投票については、次のように考えます。

　選挙権の行使の機会が保障された上で選挙人の投票意思の自由を確保するために秘密投票権が保障されることが憲法上の原則です。

　代理投票はこの例外として、第三者に対して投票意思を表示する方法によらなければ、当該選挙人の選挙権の行使を確保する機会を保障することが実質的に困難であること等から許容された制度です。代理投票の要件は「心身の故障その他の事由」（公職選挙法第48条）によることとされていますので、新型コロナウイルス感染症に起因する隔離措置等により投票を自書することができない場合には、代理投票の対象になるものと解されます。すなわち、本件のように病室がレッドゾーン（非清潔域）にあり、他の病室と分離されている状況については、重病人等歩行困難な者と同様に解釈できるので、不在者投票管理者の管理の下で立会人の立会いがあれば、ベッド上での投票も可能と考えられます。この場合、投票の秘密に十分に注意しなければなりませんが、投票は殺菌せずに病院外に持ち出すことはできませんので、投票者本人が見ている前で不在者投票管理者と立会人の下で殺菌、封をすることによって選挙の公正さを保つことにより対応するのが適当です。当然、殺菌する際には、立会人などが投票の記載内容を見ることとなりますので、本人にその旨の承諾を得ることが求められます。投票を代理投票で実施する際も、同様に取り扱うこととなると考えられます。

2．選挙運動

Q1 感染症対策のため、ウグイス嬢を採用せず、事前に録音して
おいたテープによる連呼を行ってもよいでしょうか。

A 問題ありません。

　選挙運動のための連呼行為に限って肉声でなければならない
とする合理的理由はありません。

Q2 感染症予防の観点から、選挙管理委員会が候補者に選挙運動
の自粛を要請することはできますか。仮に県内に新型コロナウ
イルス感染症の感染者が発生した場合、選挙管理委員会として
選挙運動の自粛（例：個人演説会の開催自粛等）を候補者に要
請すると、違法になりますか。

A 自粛の呼びかけは差し控えるべきです。

　民主主義、国民主権の基礎をなす選挙運動を含む政治活動の
自由は、最大限尊重されるべきものです。選挙の管理執行機関
である選挙管理委員会が、公職選挙法の規定によらず選挙運動
の自粛を求めることについては、選挙の公正を害するおそれが
あり、不適切であると考えられ、場合によっては選挙無効の原
因ともなり得るとも考えられます。したがって、候補者等に対
して、特に選挙運動の演説会や街頭演説の自粛を呼びかけるこ
とは差し控えるのが適当です。

　いずれにせよ、令和2年2月25日「新型コロナウイルス感染
症対策の基本方針」を踏まえた上で、候補者等が公職選挙法で

許された範囲内でどのような選挙運動を行うかは、それぞれの候補者等において判断されるべきものであり、選挙管理委員会が判断すべきものではありません。

3. 寄附

Q1 村長が自身が受け取る新型コロナウイルス対策特別定額給付金10万円で、村内の日帰り温泉施設の利用券を購入し、選挙区外の村人会（村の出身者で組織される任意団体）と選挙区外の大学生（村の地域づくりインターン事業で受け入れている大学生）に配布する行為は、公職選挙法で禁止する寄附行為に該当するのでしょうか。

A 配布の態様によっては公職選挙法に抵触するおそれがあります。

　一般的に見て、質問の寄附行為は選挙区外にある者に対する寄附と考えられるので、直ちに公職選挙法第199条の2（公職の候補者等の寄附の禁止）には該当しないものと考えられます。ただし、寄附の相手方が村内に事務所や住所を有しないことのほか寄附を受ける際に村内に滞在しないことが必要です。なお、当選を得るためなど、配布の目的や態様によっては、買収の規定（公職選挙法第221条）に抵触するおそれがあることに注意が必要です。

Q2 市に寄贈されたマスクを特定の条件に当てはまる市民に配布しようとしています。配布は郵送によって行う予定ですが、同封する文書に市長名を入れた場合、公職選挙法に抵触するで

しょうか。同封する文書は以下のとおりです。

後期高齢者がおられるご家庭の皆様へ

皆様におかれましては、新型コロナウイルス感染拡大防止にご理解とご協力を賜り、心からお礼申し上げます。
新型コロナウイルスの感染拡大が続く中、特にご高齢者の方がおられるご家庭では、なにかと不安な日々を強いられており、感染に対する不安も非常に大きいものとお察しいたします。
本市では、皆様の不安を少しでも解消できればと思い、些少ではございますが、マスクをお送りさせていただきますのでどうぞご家庭でご活用ください。
今、大変厳しい時ですが、くれぐれもご自愛ください。

令和2年5月○日　○○市長（氏名）

A 直ちに違法ではありませんが、差し控えるべきです。

　地方自治法第232条の2で地方公共団体は公益上必要と認められるときは、寄附的な補助をすることができるとされ、また、公職選挙法において、地方公共団体は第199条の3（公職の候補者等の関係会社等の寄附の禁止）の規定する団体には含まれないため、地方公共団体がその予算をもって市民に寄附をすることは、一般的には差し支えありません。ただし、公職選挙法第199条の3の立法趣旨は、同法第199条の脱法行為として、特定の方法をもって寄附することを禁止した規定であり、そのために会社その他の法人または団体の役職員などの氏名を表示するような方法での寄附は禁じられています。このことから、「地方公共団体の行う寄附については、違法ではないが、立法の趣旨から市長の氏名を表示することは差し控えられたい」とされ

ており、本件についても同封する文書の差出人は「〇〇市長」のみにとどめるべきと考えられます。

Q3 現役の市議会議員が個人用政治活動ビラに、コロナの影響で低迷している市内の特定の複数の飲食店に支援を呼びかける記事を掲載することは、寄附に該当しますか。また、その他公職選挙法に抵触するおそれはありますか。

A 違反行為とは認められません。

あくまでも事実関係に即して判断すべきではありますが、原則として公職選挙法は、政治家等による選挙区内にある者に対する寄附を禁じているのであって、本件のように支援を呼び掛けているだけでは、何ら違反行為とは考えられません。

Q4 個人演説会の来場者にコロナ予防のためにマスクを配布してもよいでしょうか。個人演説会の会場で新型コロナウイルス感染予防のため候補者側で用意したマスクを、来場した選挙人に提供し、着用させることは選挙区内にある者に対する寄附となり、禁止されますか。

A 場合によっては公職選挙法に抵触するおそれがあります。

このような場合、寄附にあたらないとは言い切れませんが、人命にかかわる新型コロナウイルスの感染防止のために、使い捨てのようなマスクの配布が通例の催物等で行われているような状況であれば、社会通念上、選挙区内にある者に対する寄附として禁止されるものということは消極に考えられます。ただ

し、高価なマスクであったり、必要以上に何枚も持ち帰らせるような場合は、公職選挙法第199条の2違反について積極に解されます。

Q5 町議会議員が1食100円で町内の子どもに食事を提供しても問題ないでしょうか。居酒屋を経営する現職の町議から「コロナで困窮している子育て世帯をサポートするための『こども食堂』を開いて、1食100円で食事を提供したいが、問題ないだろうか」との問い合わせがありました。これに対し、どのように回答すべきでしょうか。

A 寄附に該当するおそれがあるため、注意が必要です。

　原価より安く提供した場合は、公職選挙法に違反するおそれがあります。町議会議員など公職の候補者等は、当該選挙区内にある者に対し、いかなる名義をもってするを問わず、寄附をしてはならないとされていることから（公職選挙法第199条の2第1項本文）、公職の候補者が主体となって原価を下回る額で食事を提供することは、寄附に当たらないとはいえないと考えられます。したがって、本件の町議による100円での食事の提供は、その原価が100円を超える場合は選挙区内の者への「寄附」に該当し、公職選挙法に違反するおそれがあります。

　相手への回答としては、「議員であるがゆえに公職選挙法の寄附禁止の規定が適用されるおそれがあるので、十分注意するようお願いする。」とするのがよいのではないかと考えられます。

Q6 市長の常勤特別職としての給与を1か月間、ゼロとしても問

題ないでしょうか。新型コロナウイルス対策の一環として、市長の給与の減額を検討しています。公職の候補者等が寄附をすることは公職選挙法で禁じられているため、常勤特別職の給与等を定めている条例の附則の一部改正によって給与1か月分をゼロに減額しようとしていますが、特に問題ないでしょうか。

A 市長から市への寄附とみなされ、公職選挙法に抵触するおそれがあります。

市長が市から給与を受け取らないことは、公職選挙法第199条の2（公職の候補者等の寄附の禁止）に抵触するおそれがあると考えられます。そもそも、普通地方公共団体は普通地方公共団体の長に対し、給与を支給しなければならないとされ、その支給方法は条例で定めなければならないこととされています（地方自治法第204条）。これを受ける権利は公法上の権利であるため、条例をもってこれを支給しないことを定めたり、あらかじめこれを受ける権利を放棄することはできません（大7.12.19大審判自治ポ15次P.993）。

Q7 町議会名義で町に寄附をしても問題ないでしょうか。町議会議員の有志から、「議員の有志から任意で集めたお金を、新型コロナウイルス対策に役立ててもらうために町に寄附しても問題ないか」との問い合わせがありました。寄附の目的は「新型コロナ対策に役立ててもらうため」とのことです。

A 各町議会議員から町への寄附となり、公職選挙法に抵触するおそれがあります。

　公職選挙法第199条の2第1項の規定により、公職の候補者等は、当該選挙区（選挙の行われる区域）内にある者に対し一定の例外を除き、いかなる名義をもってするを問わず、寄附をしてはならないとされています。地方公共団体たる町を「当該選挙区内にある者」とするかどうかについては、「除外する理由はない」と解されており、地方公共団体も当該選挙区内にある者に含まれます（逐条解説（改訂版）中P.1575）。つまり、町議会議員が当該町に寄附をすることは、選挙の行われる区域内にある者に対する寄附となるため、本条に違反するおそれがあります。

　なお、新型コロナウイルス対策の一環として国から全国民に一律給付された特別定額給付金10万円を地方公共団体等に寄附をすることも当該選挙区内にある者に対する寄附となるため、禁止されます。

Q8 当町は現在、郡内の町村で作る「町村会」の事務局を担当しており、当町の町長が町村会の会長を務めています。この度、新型コロナ対策支援のために、町村会の会計から町村会名義で町外にある病院に寄附をすることになりましたが、公職選挙法に抵触しないでしょうか。

A 会長の氏名は表示せずに寄附すべきです。

　本件寄附は、その原資を定例的に加盟町村から集めている分担金で町村会の会計から拠出したものを充てるとされているので、町村会（団体）としてする寄附として公職選挙法第199条の3について検討する必要があります。同条本文の規定によれ

ば、公職の候補者等がその役職員である会社その他の法人または団体は、当該選挙区内（選挙区がないときは選挙の行われる区域内）にある者に対し、いかなる名義をもってするを問わず寄附をしてはならないとされています。したがって、寄附の相手方である病院は、町外にあることから町村会の会長である町長の氏名を表示し、または類推される方法ですることはやぶさかではありません。しかし、万が一の誤解を受けないためにも、会長（町長）の氏名を表示することは避け、他の加盟町村長に配慮して、団体名の表示にとどめておくべきでしょう。

Q9 市議会議員が会長を務める自治会が、自治会の活動余剰金を加入世帯に配布しても問題ないですか。現職の市議会議員Ａが会長を務める自治会では、自治会の活動余剰金（新型コロナウイルスの影響で中止になったイベントの予算など）を、自治会に加入する全世帯に配布しました。給付金と一緒に配布した趣意書には、自治会長Ａとして議員Ａの氏名が記載されていましたが、公職選挙法上、問題ないでしょうか。

A 氏名を記載した場合、公職選挙法に抵触するおそれがあります。

　本件給付金の原資が当該自治会の会計から拠出したものである限り、配布自体は公職選挙法第199条の2第1項に抵触しないものと解されます。また、ことさらＡ自治会長である市議会議員からの給付金であるような言動をまじえながらなされたものでない限り、同条第2項にも抵触するおそれはないものと考えられます。

　給付金と一緒に配布した趣意書については、自治会の役員た

る会長として議員Aの氏名を記載しているので、公職選挙法第199条の3に規定する「これらの氏名を表示しまたは類推されるような方法」に該当するものと考えられます。ただし、本条違反により罰則が科せられるのは「当該選挙に関し」寄附をした場合であり、本件においてはA氏が立候補する「市議会議員選挙に関し」て、自身の氏名を表示しまたは類推されるような方法で寄附をした場合に限られます（公職選挙法第249条の3）。

Q10　市長と市議会議員の報酬の一部をカットし、市のコロナ対策費用に充当しても、問題ないでしょうか。本市では、6月議会に市長および市議の報酬を一部カットし、コロナ対策費用に充当する議案が上程されることになっています。報酬カットの理由は「市のコロナ対策費用の財源に充当することを強く要望する」であり、市はこれにより削減できた費用を「コロナ対策基金」に積み立てることとされています。市の方針としては、市長と市議それぞれの報酬（給与）支給条例を6月議会において改正する条例を市長から提案し、5月分から9月分までの月額報酬（給与）の各月分について25％削減し、その削減により生じた余剰金を「○○市コロナ対策基金」に組み入れるとのことです。こういったことは公職選挙法上、問題ないでしょうか。

A　報酬のカット分については、違法となるおそれがあります。

　市長と市議会議員の報酬（給与）支給条例を改正し、市として支払うべき報酬（給与）を減額した場合、支給すべき対象月の報酬をいわば法的根拠に基づいて減額しようとするものであり、これにより改正前の額の支払いに係る債権・債務の関係は

なくなり、改正後の額による支払いに係る債権・債務の関係になることから、減額により生じた差額は、市への寄附とはなりません。

　ただし、条例が改正されるのは6月議会においてであるため、5月分についてはすでに支給が条例上確定していることになります。つまり、市は5月分については報酬（給与）を市長・市議に支払わなければならない債務が発生し、また市長・市議は市から支払いを受ける債権を有することになります。したがって少なくとも5月分について減額を遡及適用することは、市長・市議に対し、義務のない市への寄附を求めるような条例となり、結果として公職選挙法第199条の2に違反するおそれがあります。この違反を犯さないためにも、市議会において改正条例案における報酬の削減対象月について、再検討することが望ましいでしょう。

4．特例郵便等投票

Q1 「特定患者等の郵便等を用いて行う投票方法の特例に関する法律」の対象が、新型コロナウイルス感染症に限定された理由は何ですか。

A 新型コロナウイルス感染症まん延の状況に早急に対処するためです。

　本法律は、現在、正に生じている新型コロナウイルス感染症のまん延の状況に早急に対処するため、同感染症に限定した特例法とされたものです。また、今回の特例法は、「当分の間の措

置」であり、廃止されない限り、本特例法は存続することになるとされています。

Q2 宿泊療養施設等に期日前投票所や不在者投票記載所を設けることができるので、宿泊療養者については特例郵便等投票の対象にしなくてもよかったのではないでしょうか。

A 宿泊療養者の投票権行使の機会に格差が生じないよう、特例法の対象とされました。

　これまで、宿泊療養者については、各市区町村の選挙管理委員会において期日前投票所や不在者投票記載所を設置し、宿泊療養施設内において投票ができるように努めてきました。しかし、選挙事務従事者の感染リスクがあること、従事者確保が困難であることなどから、一部の市区町村からは、「大規模な選挙において十分な対応をすることは現実的には難しい」との声が寄せられており、今後行われる総選挙等の大規模選挙における宿泊療養施設内での投票実現が危ぶまれていました。仮に人員不足などの理由で療養施設内に投票所が設置できなかった場合、地域によって、宿泊療養者の投票権行使の機会に格差が生じることになってしまいます。こういった事態を避けるために、宿泊療養者についても、自宅療養者と同様に特例郵便等投票制度の対象者とされたものです。

Q3 コロナ禍の選挙では、これまで宿泊療養施設等での期日前投票・不在者投票が行われてきました。今回、特例郵便等投票の特例法が成立しましたが、宿泊療養施設等での投票は引き続き

行われることになるのでしょうか。

A 行われることは可能ですが、特例郵便等投票による対応にシフトしていくものと考えられます。

　宿泊療養者については、これまで各選挙管理委員会が宿泊療養施設に期日前投票所や不在者投票記載所を設けるなどして対応してきました。感染対応などについて様々に工夫して行ってはいるものの、自治体からは従事者の感染を懸念する声や、「総選挙などの大規模な選挙の場合、必要な従事者を確保しつつ、これまで以上の数の有権者や投票に対応することは困難だ」との声が上がっており、一部からは郵便等投票の導入を望む声も寄せられていました。こういった背景から、今後も各選挙管理委員会の判断次第では宿泊療養施設での期日前投票所等の設置は可能ではあるものの、現実的には、特例郵便等投票による対応にシフトしていくのではないかと考えられています。

Q4 介護老人保健施設の入所者は、なぜ特例郵便等投票の対象に含められなかったのですか。

A 指定施設における不在者投票ができるためです。

　介護老人保健施設は病院に含まれるため、指定施設における不在者投票制度が利用できるため、特例郵便等投票の対象には含まれません。

Q5 濃厚接触者を特例郵便等投票の対象としなかったのはなぜですか。

A 濃厚接触者の把握などの一元管理が極めて困難だからです。

　国立感染症研究所の調査によると、患者1人につき約5人の濃厚接触者がいるとされていますが、患者と濃厚接触者では、感染症対策上、必要な対応に差異があります。患者につきましては感染症法に基づいて医師が直ちに届出を行わねばならないことになっており、原則、全国共通のシステム「HER-SYS」による一元管理が行われています。一方、濃厚接触者については届出の必要がなく、「HER-SYS」での一元管理も行われていません。また、検査結果等によって一義的に判断できる患者とは違い、濃厚接触者は接触の度合いや感染防止対策の具体的な状況についての聞き取りが必要になる上、患者の発生前後数日間の接触状況から判断すべき者も出てきます。このため、濃厚接触者の把握については、患者発生の把握から更に数日程度の時間を要することになります。こういった事情から、濃厚接触者に関してリストを作り、随時更新して選挙管理委員会に提供するような業務をすべての保健所に対して求めるのは、保健所の業務がひっ迫する現状では非常に困難です。また、自称濃厚接触者を確認することができず、選挙の公正に影響をおよぼすおそれも否定できません。主にこういった事情を鑑み、濃厚接触者は特例郵便等投票の対象外とされました。

Q6 濃厚接触者を特例郵便等投票の対象とせず、投票所での投票を認めることは果たして適切なのでしょうか。

A 投票所での投票が認められています。

　濃厚接触者については、患者とは異なり、「不要不急の外出」

を控える旨の外出自粛要請が出されていますが、投票は「不要不急の外出」にあたらないとされています。そこで、感染防止策を講じた上で投票所での投票を認めるという整理がされました。

Q7 今回の特例法においては、郵便等投票の公正はどのように確保されるのですか。

A 公職選挙法と同様に罰則をもって公正が確保されます。

公職選挙法と同様、①請求書や投票用封筒への選挙人本人の署名、②投票用紙等を 郵便等により選挙人本人へ送付、③罰則（投票干渉罪、詐偽投票罪）、によって公正が確保されることとされています。

Q8 外出自粛要請の証明書の発行について、偽造禁止規制、罰則はあるのでしょうか。

A 刑法および公職選挙法の規制・罰則が適用されると考えられます。

外出自粛要請の書面が偽造されたような場合には、公務所または公務員の作成すべき文書を偽造したときに該当する刑法第155条の公文書偽造罪が適用され、罰則も伴うものと考えられています。また、偽造された外出自粛要請の書面を提示して投票用紙等を請求し、投票したような場合は「詐偽の方法をもって投票しまたは投票しようとした」に該当するとして、公職選挙法第237条第2項の詐偽投票罪が適用されると考えられます。この場合、2年以下の禁錮または30万円以下の罰金に処される

こととされます。

Q9 特例郵便等投票の場合、選挙管理委員会があらかじめ投票対象者を特定できないため、事前に選挙管理委員会から請求用紙を投票者に送付することはできません。投票者本人も、特例郵便等投票の制度を知らなければ利用できません。すると、この制度は「知っている人にしか使えない制度」になってしまうのではないでしょうか。

A 選挙管理委員会と保健所等が連携して周知を徹底します。

　保健所や検疫から感染者等に外出自粛要請証明書を発行する際に、この特例郵便等投票制度、そしてその手続きについて周知するチラシを同時に渡す、あるいは都道府県の宿泊・自宅療養者向けのホームページなどに案内を掲載するなど、保健所と選挙管理委員会等の関係機関の連携により、周知の徹底が図られるものと考えられます。

Q10 特例郵便等投票では、投票者側から2回のポスト投かんが必要となります。この投票の対象になる患者は、外出自粛要請がでており外出はできませんのでポスト投かんは誰が行うのでしょうか。また、ポストへの投かんを依頼された人が投かんしなかった場合には、どのような罰則があるのでしょうか。

A 感染防止策を講じた上で同居人や家族、知人に依頼して投かんしてもらいます。投かんしなかった場合は公職選挙法の罰則が適用されます。

自宅療養者は患者であることから、感染症法上、感染拡大防止、病状急変リスクの観点から、たとえポストまでであっても外出しないことが求められます。したがって、自宅療養者の投票については、感染防止策を講じた上で、同居人や知人等に依頼してポストまで投かんしてもらうことが想定されています。なお、当該同居人が濃厚接触者である場合でも、ポストへの投票の投かんは「不要不急の外出」にはあたらず、当該同居人がマスク等の感染防止策を講じた上で投かんすることは可能と考えられています。また、宿泊療養者に関しては、宿泊療養施設の職員等に代わりに投かんしてもらえるように、都道府県の保健福祉関係部局等と選挙管理委員会との間で調整することが期待されています。なお、独居の自宅療養者は同居人がおらず投かんを頼めないため、別居している家族や知人などに依頼して投かんしてもらう方法が想定されています。

　投かんを依頼された人が投かんしなかった場合については、証拠に基づいて個別具体の事案に即して判断されるところではありますが、その行為が故意に行われたと認められれば、「投票、投票箱その他関係書類を抑留し、毀壊し若しくは奪取した」に該当するとして、公職選挙法第229条の罰則（4年以下の懲役または禁錮）が適用されると考えられます。

Q11　特例郵便等投票制度の対象者（療養中のコロナ患者や帰国待機者等）は、当日投票所や期日前投票所などに行って投票することはできないのでしょうか。

A　公職選挙法上は禁止されませんが、感染症法上は罰則の対象

となると考えられます。

　公職選挙法上、コロナ患者や帰国待機者等が投票所で投票することを禁じる規定はありません。一方、感染症法上、患者に対しては外出しないよう要請するとともに、これに従わないときには、制度上、入院勧告・措置を行い、それにも従わない場合には罰則の対象となるものと考えられます。ただ、現実には外出自粛要請を受けている患者や帰国待機者のほとんどは、その要請を受け入れて外出を控えています。こういった方々の投票の機会を確保するために、今回、特例的な郵便等投票制度が創設されたものです。

Q12 特例郵便等投票に関して何らかの不正が行われた場合、どのような罰則が想定されているのでしょうか。

A 公職選挙法上の投票干渉罪や詐偽投票罪が適用されます。

　特例郵便等投票に関して、正当な理由なく選挙人の投票に干渉した場合や、氏名を詐称し、その他詐欺の方法をもって投票した場合には、それぞれ、公職選挙法上の投票干渉罪や詐偽投票罪の適用があるものと考えられます。具体的には、投票干渉罪については1年以下の禁錮または30万円以下の罰金に、詐偽投票罪については2年以下の禁錮または30万円以下の罰金に処せられることになります。

　このような行為が行われた場合に、どのように摘発するのかについては、たとえば、

・　虚偽の外出自粛要請等に係る書面を提示するような場面においては、原本との違いを選挙管理委員会の職員が発見した

とき。

・ 選挙人名簿の対照に際して本人の知らないところで投票用紙等交付済みとなっていたことが発覚した場合。

・ 投票干渉などがあった場合においては、投票干渉を受けた選挙人から通報があったとき。

・ 同一筆跡の署名が多数あることが発覚した場合、投票用紙を集めている者がいるとの通報があった場合。

などにおいて警察による捜査が行われることが考えられています。

5．その他

Q1 ポスター掲示場の設置については、公職選挙法第144条の2の規定により定められているところですが、コロナ禍により外出機会が減少する中で、選挙人がポスター掲示場を目にする機会も減っているのではないかと思われます。そのような状況を踏まえ、また、郵便等投票を行う選挙人や市外で不在者投票を行う選挙人への周知・啓発の観点から、ポスター掲示場を市のホームページに掲載（ポスター掲示場の場所の掲載ではなく、ポスターの貼付された掲示場そのものの写真を掲載）することは可能でしょうか。

A 公職選挙法に抵触するおそれがあるため、市のホームページへの掲載は控えるべきです。

　現下のコロナ禍において、質問のような対応を模索することはあり得ると思われます。選挙公報を選挙管理委員会のホームページに掲載することは公職選挙法第6条の選挙啓発の一環と

して法的に可能とされているところですが、掲載方法等については候補者や政党間の平等取り扱いに留意した上で基準が定められています（平24.3.29 総行選第 8 号各都道府県選挙管理委員会書記長あて総務省選挙課長通知参照）。一方、選挙運動用ポスターは選挙公報のように選挙管理委員会が主体となるものではなく、あくまでも候補者が主体となって選挙人に働きかけることを企図して作成し、掲示する選挙運動用文書図画です。

　ちなみにポスター掲示場を設置する選挙の場合、各候補者の選挙運動用ポスターは、立候補の届出の受理順序によるなど当該選挙に関する事務を管理する選挙管理委員会が定める掲載順序により、一覧性をもって掲示されますが、ポスター掲示場に掲示する当該ポスターには種類制限はなく、選挙管理委員会への届出義務もないため、選挙管理委員会としてその内容を全て把握できるものではありません。したがって、仮に選挙管理委員会がポスターの種類と内容を確実に把握する方法や、複数種類の選挙運動用ポスターを作成した候補者の掲載方法（どのポスターを掲載するのか、複数種類を掲載する場合は候補者間で差異が生ずるおそれあり）は定まっておらず、候補者間の平等公平な取り扱いを担保することが困難であり、選挙の公正を害するおそれがあります。

　また、公職選挙法第143条第 3 項および第 4 項では、ポスターは掲示場ごとに 1 枚を限り掲示できるとされており、掲示枚数の制限が設けられていますが、選挙管理委員会が、広く一般有権者を対象としてホームページに掲載することは、選挙運動の数量制限を設けている現行法の趣旨を没却するおそれがあります。したがって、選挙管理委員会が主体となって、選挙運動用

ポスターを選挙管理委員会ホームページに掲載することは、公職選挙法第 6 条の規定による啓発・周知活動の範囲を超えるものであり、また、候補者間の平等公平な取り扱いを担保することが困難であること等から、同法第142条に抵触するおそれがあります。したがって、本件についても、ホームページへの掲載はできないと考えられます。詳しくは、「月刊 選挙」平成24年 5 月号P.19〜21を参照してください。

Q2 近日中に行われる市長選挙の開票について、新型コロナウイルス感染予防の観点から、一般参観を不可としたいと考えています。参観を不可としても、法的に特に問題ないでしょうか。

A 参観させないこととすることはできないと解されます。

　公職選挙法第69条で規定する開票の参観は、開票事務の公正を期するために行われているものです。また、選挙人は選挙の公正が害された場合、選挙の効力や当選の効力に関する争訟を提起できる立場にあり、その意味でも開票の参観は重要な意義があります。したがって、これを一般選挙人の参観を新型コロナウイルス感染症防止のためといえども不可とするのは、消極に解さざるを得ません。

　ただし、感染症拡大防止のため、ソーシャル・ディスタンスの確保のための人数制限や、会場の入口や市のホームページなどに「発熱等のある方には、開票の参観を御遠慮いただいております」等の掲示をして周知をすることは、開票所における秩序保持の対応として、差し支えないものと考えられます。

Q3 新型コロナウイルス感染症が広がっていることから、既に決定した市長選挙（任期満了日3月27日、告示日3月15日、選挙期日3月22日）について、その告示日、選挙期日を変更すべきとの要求文書が市民から寄せられました。告示日や選挙期日を変更することは可能なのでしょうか。

A 当該選挙の告示前であれば変更が可能です。

　告示日や選挙期日を決めた後でも、告示前であれば、諸般の事情により告示日や選挙期日を変更することはできます。

　なお、この点については「選挙の管理執行における新型コロナウイルス感染症への対応について（第3報）」（令和2年3月6日付け総行管第98号）において明示されています。

Q4 オンライン配信による講演会等の催しは、政治資金パーティーとして認められますか。新型コロナウイルス感染症拡大に伴い、大勢の人が一堂に会するような会合は敬遠されていることから、「政治資金パーティーとしてオンラインのライブ配信等により講演等を行うことができないか」と、公職の候補者から問い合わせがありました。政治資金規正法第8条の2において、政治資金パーティーとは「対価を徴収して行われる催物」と規定されており、政治資金規正法の逐条解説によれば「催物」とは「人を集めて行う様々な会合をいう」とされております。パーティー券を購入したものの参加しないケースというのはよくあると思いますが、当初から人が参集することを予定していないオンラインでの催しは、果たして政治資金パーティーに該当するのでしょうか。

A 政治資金規正法上の政治資金パーティーとは認められません。

　「政治資金パーティー」とは、「対価を徴収して行われる催物」であって、「当該催物の対価に係る収入の金額から当該催物に要する経費の金額を差し引いた残額を当該催物を開催した者またはその者以外の者の政治活動（選挙運動を含む。これらの者が政治団体である場合には、その活動）に関し支出するもの」をいうとされています。ここでいう「催物」とは人を集めて行う様々な会合などと解されており、人を集めずオンラインで開催するものは、人を集めて行う会合と解することは難しいと考えられます（質問主意書、内閣衆質202第4号への答弁書参照）。

　本件のような方法により有料のライブ配信を行い、政治団体が収入を得ることが禁ぜられるものではありませんが、政治資金パーティとは別の事業に該当すると考えられますので、これに伴う収入、支出について同法第9条の会計帳簿と第12条の収支報告書への記載が必要になります。なお、ライブ配信を視聴するための対価として支払いをした者が、そもそも視聴する予定がないというような場合は、ライブ配信をした政治団体等への寄附になるのではないかという疑義が生じますが、これについては事実認定の問題であり、選挙管理委員会が判断する範疇外です。

- 　令和3年7月19日付「特例郵便等投票に係るQ&A」をP.192〜195に収録しています。

第5章

資料

特定患者等の郵便等を用いて行う投票方法の特例に関する法律
（令和 3 年法律第82号）

（趣旨）

第一条　この法律は、新型コロナウイルス感染症（病原体がベータコロナウイルス属のコロナウイルス（令和二年一月に、中華人民共和国から世界保健機関に対して、人に伝染する能力を有することが新たに報告されたものに限る。）である感染症をいう。次条及び第五条において同じ。）及びそのまん延防止のための措置の影響により、特定患者等が投票をすることが困難となっている現状に鑑み、当分の間の措置として、特定患者等の郵便等（公職選挙法（昭和二十五年法律第百号）第四十九条第二項に規定する郵便等をいう。以下同じ。）を用いて行う投票方法について、同法の特例を定めるものとする。

（定義）

第二条　この法律において「特定患者等」とは、新型コロナウイルス感染症の患者又は新型コロナウイルス感染症の病原体に感染したおそれのある者であって、次のいずれかに該当するものをいう。

一　感染症の予防及び感染症の患者に対する医療に関する法律（平成十年法律第百十四号）第四十四条の三第二項又は検疫法（昭和二十六年法律第二百一号）第十四条第一項（第三号に係る部分に限る。）の規定による宿泊施設（感染症の予防及び感染症の患者に対する医療に関する法律第四十四条の三第二項に規定する宿泊施設をいう。次号において同じ。）又は当該者の居宅若しくはこれに相当する場所から外出しないことの求め（次条第二項において「外出自粛要請」という。）を受けた者

二　検疫法第十四条第一項第一号又は第二号に掲げる措置（次条第二項において「隔離・停留の措置」という。）により宿泊施設内に収容されている者

（特例郵便等投票）

第三条　選挙人で特定患者等であるもの（以下「特定患者等選挙人」という。）の投票（在外選挙人名簿に登録されている選挙人（公職選挙法第四十九条の二第一項に規定する政令で定めるものを除く。）にあっては、衆議院議員又は参議院議員の選挙における投票に限る。）については、同法第四十八条の二第一項及び第四十九条第一項の規定によるほか、政令で定めるところにより、同法第四十二条第一項ただし書、第四十四条、第四十五条、第四十六条第一項から第三項まで、第四十八条及び第五十条の規定にかかわらず、その現在する場所において投票用紙に投票の記載をし、これを郵便等により送付する方法により行わせることができる。

2　前項の規定による投票（以下「特例郵便等投票」という。）をしようとする特定患者等選挙人は、請求の時において外出自粛要請又は隔離・停留の措置に係る期間（以下この項において「外出自粛要請等期間」という。）が投票をしようとする選挙の期日の公示又は告示の日の翌日から当該選挙の当日までの期間（以下この項において「選挙期間」という。）にかかると見込まれるときは、当該選挙の期日前四日

までに、その登録されている選挙人名簿又は在外選挙人名簿の属する市町村の選挙
管理委員会の委員長に対して、当該特定患者等選挙人が署名をした文書により、か
つ、外出自粛要請又は隔離・停留の措置に係る書面を提示して、投票用紙及び投票
用封筒の交付を請求するものとする。ただし、当該書面の提示をすることができな
い特別の事情があり、かつ、理由を付してその旨を申し出た場合において、当該市
町村の選挙管理委員会の委員長が次条の規定による情報の提供を受けて当該特定患
者等選挙人が特定患者等である旨及び請求の時に外出自粛要請等期間が選挙期間に
かかると見込まれる旨の確認をすることができるときは、当該確認をもって当該書
面の提示に代えることができる。

（情報の提供）

第四条　都道府県知事（保健所を設置する市又は特別区にあっては、市長又は区長）
及び検疫所長は、市町村の選挙管理委員会の委員長から特例郵便等投票に係る情報
の提供の求めがあったときその他特例郵便等投票に関する事務の円滑な実施のため
に必要があると認めるときは、市町村の選挙管理委員会の委員長に対して、当該事
務の実施に必要な範囲内において、当該事務に必要な情報を提供することができ
る。

（特定患者等選挙人の努力）

第五条　特定患者等選挙人は、特例郵便等投票を行うに当たっては、新型コロナウイ
ルス感染症の感染の拡大の防止に努めなければならない。

（罰則）

第六条　特例郵便等投票については、特定患者等選挙人が投票の記載の準備に着手し
てから投票を記載した投票用紙を郵便等により送付するためこれを封入するまでの
間における当該投票に関する行為を行う場所を投票所とみなして、公職選挙法第
二百二十八条第一項及び第二百三十四条中同項に係る部分の規定を適用する。

（郵便等による送付に要する費用の負担）

第七条　衆議院議員又は参議院議員の選挙に関する第三条第一項の規定により行われ
る郵便等による送付に要する費用については、国庫の負担とする。

2　地方公共団体の議会の議員又は長の選挙に関する第三条第一項の規定により行
われる郵便等による送付に要する費用については、当該地方公共団体の負担とす
る。

（指定都市の区及び総合区に対するこの法律の適用）

第八条　衆議院議員、参議院議員、都道府県の議会の議員及び長の選挙並びに指定都
市（地方自治法（昭和二十二年法律第六十七号）第二百五十二条の十九第一項の指
定都市をいう。以下この条において同じ。）の議会の議員及び長の選挙に関する第
三条第二項及び第四条の規定の適用については、指定都市においては、区及び総合
区の選挙管理委員会の委員長を市の選挙管理委員会の委員長とみなす。

（公職選挙法等の規定の適用）

第九条　特例郵便等投票に関する次の表の第一欄に掲げる法律の規定の適用について
は、同表の第二欄に掲げる規定中同表の第三欄に掲げる字句は、それぞれ同表の第
四欄に掲げる字句とする。

公職選挙法	第五条の四第一項	この法律又はこの法律に基づく政令	この法律若しくは特定患者等の郵便等を用いて行う投票方法の特例に関する法律（以下「郵便等投票特例法」という。）又はこれらの法律に基づく政令
	第五条の四第二項及び第三項並びに第五条の五第一項	この法律又はこの法律に基づく政令	この法律若しくは郵便等投票特例法又はこれらの法律に基づく政令
	第五条の五第二項	この法律	この法律又は郵便等投票特例法
	第五条の五第三項及び第四項、第五条の八第一項から第三項まで並びに第五条の九第一項、第二項及び第四項	この法律又はこの法律に基づく政令	この法律若しくは郵便等投票特例法又はこれらの法律に基づく政令
	第三十七条第七項	第四十九条	第四十九条及び郵便等投票特例法第三条第一項
	第四十六条の二第一項	第四十九条	第四十九条並びに郵便等投票特例法第三条第一項
	第二百一条の二	その他の規定	その他の規定及び郵便等投票特例法の規定
	第二百六十四条の二、第二百六十五条、第二百六十六条第一項、第二百六十七条及び第二百六十八条	この法律	この法律及び郵便等投票特例法
	第二百七十条第一項及び第二百七十条の三	この法律又はこの法律に基づく命令	この法律若しくは郵便等投票特例法又はこれらの法律に基づく命令

国会議員の選挙等の執行経費の基準に関する法律（昭和二十五年法律第百七十九号）	第十三条第九項	在外投票	在外投票若しくは特定患者等の郵便等を用いて行う投票方法の特例に関する法律第三条第一項の規定による投票
		同法第四十九条第二項	公職選挙法第四十九条第二項又は特定患者等の郵便等を用いて行う投票方法の特例に関する法律第三条第一項
地方公共団体の議会の議員及び長の選挙に係る電磁的記録式投票機を用いて行う投票方法等の特例に関する法律（平成十三年法律第百四十七号）	第三条	第五十条第三項及び第五項	第五十条第三項及び第五項並びに特定患者等の郵便等を用いて行う投票方法の特例に関する法律第三条第一項
		同法第四十五条	公職選挙法第四十五条

（命令への委任）

第十条　この法律に定めるもののほか、この法律の施行に関し必要な事項は、命令で定める。

（事務の区分）

第十一条　この法律の規定及びこの法律の規定により読み替えて適用する公職選挙法の規定により、衆議院議員又は参議院議員の選挙に関し、都道府県又は市町村が処理することとされている事務は、地方自治法第二条第九項第一号に規定する第一号法定受託事務とする。

2　この法律の規定及びこの法律の規定により読み替えて適用する公職選挙法の規定により、都道府県の議会の議員又は長の選挙に関し、市町村が処理することとされている事務は、地方自治法第二条第九項第二号に規定する第二号法定受託事務とする。

　　附　則

（施行期日）

1　この法律は、公布の日から起算して五日を経過した日から施行する。

（適用区分）

2　この法律の規定は、この法律の施行の日以後その期日を公示され又は告示される選挙について適用する。

（地方自治法の一部改正）
3　地方自治法の一部を次のように改正する。
　　別表第一に次のように加える。

特定患者等の郵便等を用いて行う投票方法の特例に関する法律（令和三年法律第八十二号）	この法律の規定及びこの法律の規定により読み替えて適用する公職選挙法の規定により、衆議院議員又は参議院議員の選挙に関し、都道府県又は市町村が処理することとされている事務

　　別表第二に次のように加える。

特定患者等の郵便等を用いて行う投票方法の特例に関する法律（令和三年法律第八十二号）	この法律の規定及びこの法律の規定により読み替えて適用する公職選挙法の規定により、都道府県の議会の議員又は長の選挙に関し、市町村が処理することとされている事務

（住民基本台帳法の一部改正）
4　住民基本台帳法（昭和四十二年法律第八十一号）の一部を次のように改正する。
　　別表第二の二の項中「又は第四十九条」を「若しくは第四十九条又は特定患者等の郵便等を用いて行う投票方法の特例に関する法律（令和三年法律第八十二号）第三条第一項」に改める。

　　　　理　　由
　　新型コロナウイルス感染症及びそのまん延防止のための措置の影響により、特定患者等が投票をすることが困難となっている現状に鑑み、当分の間の措置として、特定患者等の郵便等を用いて行う投票方法について、公職選挙法の特例を定める必要がある。これが、この法律案を提出する理由である。

特定患者等の郵便等を用いて行う投票方法の特例に関する法律施行令
（令和 3 年政令第175号）

　内閣は、特定患者等の郵便等を用いて行う投票方法の特例に関する法律（令和三年法律第八十二号）第三条第一項及び第十条の規定に基づき、この政令を制定する。
（特例郵便等投票の手続及び方法）
第一条　特定患者等選挙人（特定患者等の郵便等を用いて行う投票方法の特例に関する法律（以下「法」という。）第三条第一項に規定する特定患者等選挙人をいう。次項及び第三項において同じ。）は、請求の時において同条第二項に規定する外出自粛要請等期間が同項に規定する選挙期間にかかると見込まれるときは、公職選挙法施行令（昭和二十五年政令第八十九号）第五十条第一項の規定による請求をし、又は同条第四項の規定により同条第一項の請求がされた場合を除くほか、当該選挙の期日前四日までに、その登録されている選挙人名簿又は在外選挙人名簿の属する市町村の選挙管理委員会の委員長に対して、当該特定患者等選挙人が署名（点字によるものを除く。以下この項において同じ。）をした文書により、かつ、法第二条第一号に規定する外出自粛要請又は同条第二号に規定する隔離・停留の措置に係る書面を提示して（法第三条第二項ただし書の規定の適用がある場合にあっては、当該特定患者等選挙人が署名をした文書により）、投票用紙及び投票用封筒の交付を請求することができる。
2　次の各号に掲げる特定患者等選挙人が前項の規定による請求をする場合（第一号に掲げる者にあっては都道府県の議会の議員又は長の選挙において当該請求をする場合に、第三号に掲げる者にあっては衆議院議員の総選挙又は参議院議員の通常選挙において当該請求をする場合に、第四号に掲げる者にあっては衆議院議員又は参議院議員の選挙において当該請求をする場合に限る。）には、同項の選挙管理委員会の委員長に、それぞれ当該各号に定める措置をとらなければならない。
　一　公職選挙法（昭和二十五年法律第百号）第九条第三項の規定により都道府県の議会の議員又は長の選挙の選挙権を有する特定患者等選挙人　引続居住証明書類（公職選挙法施行令第三十五条第一項に規定する引続居住証明書類をいう。次項において同じ。）の提示又は引き続き当該都道府県の区域内に住所を有することの確認の申請
　二　選挙人名簿登録証明書（公職選挙法施行令第十八条に規定する選挙人名簿登録証明書をいう。次項において同じ。）の交付を受けている船員（同条第一項に規定する船員をいう。）である特定患者等選挙人　当該選挙人名簿登録証明書の提示
　三　南極選挙人証（公職選挙法施行令第五十九条の七第一項に規定する南極選挙人証をいう。次項において同じ。）の交付を受けている特定患者等選挙人　当該南極選挙人証の提示
　四　在外選挙人証（公職選挙法第三十条の六第四項に規定する在外選挙人証をい

う。次項において同じ。）の交付を受けている特定患者等選挙人（当該特定患者等選挙人のうち選挙人名簿に登録されているもので公職選挙法施行令第六十五条の二に規定する者を除く。）当該在外選挙人証の提示

3　市町村の選挙管理委員会の委員長は、第一項の規定による投票用紙及び投票用封筒の請求を受けた場合において、その選挙に用いるべき選挙人名簿若しくはその抄本又は在外選挙人名簿若しくはその抄本と対照して（都道府県の議会の議員又は長の選挙において、前項第一号に掲げる者にあっては、併せて、その者について、同項（同号に係る部分に限る。）の規定により提示された引続居住証明書類を確認し、又は住民基本台帳法（昭和四十二年法律第八十一号）第三十条の十第一項（第一号に係る部分に限る。）の規定により地方公共団体情報システム機構から提供を受けた機構保存本人確認情報（同法第三十条の九に規定する機構保存本人確認情報をいう。）に基づき引き続き当該都道府県の区域内に住所を有することを確認して）、その請求をした選挙人が特定患者等選挙人に該当し、かつ、法第三条第二項本文に規定するときに該当すると認めたときは、投票用封筒の表面に当該選挙の種類を記入し、直ちに（選挙の期日の公示又は告示の日以前に請求を受けた場合には、当該選挙の期日の公示又は告示の日以前において市町村の選挙管理委員会の定める日以後直ちに）投票用紙及び投票用封筒を当該選挙人に郵便等（法第一条に規定する郵便等をいう。）をもって発送しなければならない。この場合において、前項（第一号に係る部分を除く。）の規定により選挙人名簿登録証明書、南極選挙人証又は在外選挙人証の提示を受けたときは、当該選挙人名簿登録証明書、南極選挙人証又は在外選挙人証に、当該選挙の種類及び期日並びに当該選挙の特例郵便等投票（法第三条第二項に規定する特例郵便等投票をいう。次項及び次条において同じ。）の投票用紙及び投票用封筒を交付した旨を記入しなければならない。

4　公職選挙法施行令第五十九条の五の規定は、特例郵便等投票について準用する。この場合において、同条中「前条第四項」とあるのは「特定患者等の郵便等を用いて行う投票方法の特例に関する法律施行令第一条第三項」と、「選挙人名簿」とあるのは「選挙人名簿又は在外選挙人名簿」と、「投票所）」とあるのは「投票所）又は指定在外選挙投票区の投票所」と読み替えるものとする。

（公職選挙法施行令等の規定の適用）

第二条　特例郵便等投票について、次の表の上欄に掲げる公職選挙法施行令の規定を適用する場合には、これらの規定中同表の中欄に掲げる字句は、それぞれ同表の下欄に掲げる字句とする。

| 第二十六条第一項 | 投票に | 投票又は特定患者等の郵便等を用いて行う投票方法の特例に関する法律（令和三年法律第八十二号）第三条第二項に規定する特例郵便等投票（以下「特例郵便等投票」という。）に |
| 第二十六条第二項及び第四項 | 投票に | 投票又は特例郵便等投票に |

第二十六条の二第二項	投票で	投票又は特例郵便等投票で
第二十六条の二第三項	投票（	投票又は特例郵便等投票（これらの投票のうち、
第六十条第二項	第五十九条の五、	第五十九条の五（特定患者等の郵便等を用いて行う投票方法の特例に関する法律施行令（令和三年政令第百七十五号。以下「郵便等投票特例法施行令」という。）第一条第四項において準用する場合を含む。）、
第六十一条第一項	前条	前条並びに郵便等投票特例法施行令第一条第一項から第三項まで
第六十一条第二項	不在者投票（	不在者投票及び特例郵便等投票（
第六十四条第一項	又は第五十九条の四第四項	若しくは第五十九条の四第四項又は郵便等投票特例法施行令第一条第三項
	不在者投票	不在者投票又は特例郵便等投票
第六十四条第二項	又は第五十九条の四第四項	若しくは第五十九条の四第四項又は郵便等投票特例法施行令第一条第三項
	不在者投票の	不在者投票又は特例郵便等投票の
	不在者投票を	不在者投票又は特例郵便等投票を
第六十五条の十三第一項の表第六十条第二項の項	第六十条第二項	郵便等投票特例法施行令第二条第一項の規定により読み替えて適用する第六十条第二項
第六十五条の十三第一項の表第六十四条第二項の項	第六十四条第二項	郵便等投票特例法施行令第二条第一項の規定により読み替えて適用する第六十四条第二項
第九十八条	又は第五十九条の五の四第七項	若しくは第五十九条の五の四第七項又は郵便等投票特例法施行令第一条第三項
	不在者投票	不在者投票又は特例郵便等投票
第百三十八条、第百四十条、第百四十一条第一項及び第百四十一条の三第二項	この政令中	この政令及び郵便等投票特例法施行令中

2　最高裁判所裁判官国民審査法施行令（昭和二十三年政令第百二十二号）第十三条本文の規定によりその例によることとされる特例郵便等投票について、同条ただし書の規定を適用する場合には、同条第二号中「又は第五十九条の五の四第五項」

とあるのは「若しくは第五十九条の五の四第五項又は特定患者等の郵便等を用いて行う投票方法の特例に関する法律施行令（令和三年政令第百七十五号）第一条第一項」と、「同令」とあるのは「公職選挙法施行令」と、「又は第五十九条の五の四第七項」とあるのは「若しくは第五十九条の五の四第七項又は特定患者等の郵便等を用いて行う投票方法の特例に関する法律施行令第一条第三項」とする。

（事務の区分）

第三条　この政令の規定及びこの政令の規定により準用し、又は読み替えて適用する公職選挙法施行令の規定により、衆議院議員又は参議院議員の選挙に関し、都道府県又は市町村が処理することとされている事務は、地方自治法（昭和二十二年法律第六十七号）第二条第九項第一号に規定する第一号法定受託事務とする。

2　この政令の規定及びこの政令の規定により準用し、又は読み替えて適用する公職選挙法施行令の規定により、都道府県の議会の議員又は長の選挙に関し、市町村が処理することとされている事務は、地方自治法第二条第九項第二号に規定する第二号法定受託事務とする。

　　　　附　則

（施行期日）

1　この政令は、法の施行の日から施行する。

（適用区分）

2　この政令の規定は、この政令の施行の日以後その期日を公示され又は告示される選挙について適用する。

（地方自治法施行令の一部改正）

3　地方自治法施行令（昭和二十二年政令第十六号）の一部を次のように改正する。
　別表第一に次のように加える。

特定患者等の郵便等を用いて行う投票方法の特例に関する法律施行令（令和三年政令第百七十五号）	この政令の規定及びこの政令の規定により準用し、又は読み替えて適用する公職選挙法施行令の規定により、衆議院議員又は参議院議員の選挙に関し、都道府県又は市町村が処理することとされている事務

別表第二に次のように加える。

特定患者等の郵便等を用いて行う投票方法の特例に関する法律施行令（令和三年政令第百七十五号）	この政令の規定及びこの政令の規定により準用し、又は読み替えて適用する公職選挙法施行令の規定により、都道府県の議会の議員又は長の選挙に関し、市町村が処理することとされている事務

　　　　理　由

　特定患者等の郵便等を用いて行う投票方法の特例に関する法律の施行に伴い、特例郵便等投票の手続及び方法を定めるほか、所要の規定の整備を図る必要があるからである。

特定患者等の郵便等を用いて行う投票方法の特例に関する法律施行規則
（令和 3 年総務省令第61号）

（特例郵便等投票における投票用紙及び投票用封筒の請求書の様式）

第一条　特定患者等の郵便等を用いて行う投票方法の特例に関する法律施行令（令和三年政令第百七十五号。以下「令」という。）第一条第一項の規定による請求書は、別記第一号様式に準じて作成しなければならない。

（特例郵便等投票における投票用封筒の様式）

第二条　令第一条第三項の規定による投票用封筒は、公職選挙法施行規則（昭和二十五年総理府令第十三号）別記第十三号様式の七（外封筒（公職選挙法施行令（昭和二十五年政令第八十九号）第五十九条の四第二項の規定により請求を受けた場合）に係る部分を除く。）に準じて調製しなければならない。

（不在者投票に関する調書の様式の特例）

第三条　特定患者等の郵便等を用いて行う投票方法の特例に関する法律（以下「法」という。）の規定の適用を受ける選挙の投票に係る不在者投票に関する調書は、公職選挙法施行規則第十四条の規定にかかわらず、別記第二号様式に準じて調製しなければならない。

（指定投票区等について繰延投票が行われた場合の取扱いの特例）

第四条　法第三条第二項に規定する特例郵便等投票について、公職選挙法施行規則第十五条の二第一項及び第三項並びに第十五条の三第一項の規定を適用する場合には、同令第十五条の二第一項中「投票が」とあるのは「投票又は特定患者等の郵便等を用いて行う投票方法の特例に関する法律（令和三年法律第八十二号）第三条第二項に規定する特例郵便等投票（以下「特例郵便等投票」という。）が」と、同条第三項中「投票を」とあるのは「投票又は特例郵便等投票を」と、同令第十五条の三第一項中「投票が」とあるのは「投票又は特例郵便等投票が」とする。

　　　附　則

（施行期日）

1　この省令は、法の施行の日から施行する。

（適用区分）

2　この省令の規定は、この省令の施行の日以後その期日を公示され又は告示される選挙について適用する。

別記

第一号様式（特例郵便等投票における投票用紙及び投票用封筒の請求書の様式）（第一条関係）

［様式貼り付け］

第二号様式（不在者投票に関する調書の特例様式）（第三条関係）

［様式貼り付け］

別記第一号様式

請　　求　　書

　特定患者等の郵便等を用いて行う投票方法の特例に関する法律第三条第一項の規定により、何選挙において、次の現在する場所で郵便等による投票を行いたいので、同法施行令第一条第一項の規定により投票用紙及び投票用封筒の交付を請求します。

　住所　都（何道府県）何郡（市）（区）何町（村）何番地　　　　　　氏　名

　何年何月何日

　現在する場所　都（何道府県）何郡（市）（区）何町（村）　何番地

何市（区）（町）（村）選挙管理委員会委員長あて

　備考

　　一　氏名欄の氏名は、必ず自分で書くこと。

　　二　投票用紙等は現在する場所に郵便等により送付されるので、明確に記載すること。

　　三　特定患者等の郵便等を用いて行う投票方法の特例に関する法律第二条第一号に規定する外出自粛要請又は同条第二号に規定する隔離・停留の措置に係る書面を提示すること。特別の事情により当該書面を提示することができない場合には、適当な箇所にその理由を記載すること。

　　四　在外選挙人証の交付を受けている場合にあっては在外選挙人証を、選挙人名簿登録証明書の交付を受けている場合にあっては選挙人名簿登録証明書を、南極選挙人証の交付を受けている場合にあっては南極選挙人証を提示すること。

　　五　都道府県の議会の議員又は長の選挙において、同法施行令第一条第二項第一号の申請をする場合には、適当な箇所に「引続居住」と記載すること。

別記第二号様式

不在者投票に関する調書

何投票区

	区分	人	うち投票者 人	備考
1	公職選挙法施行令第53条の規定により投票用紙及び投票用封筒を交付した者	人	人	備考
2	公職選挙法施行令第54条の規定により他の市町村で投票用封筒の交付を受けて投票した船員	人		備考
3	公職選挙法施行令第59条の4の規定により投票用紙及び投票用封筒を交付した者	人	うち投票者 人	備考
4	公職選挙法施行令第59条の5の4第7項の規定により投票用封筒を交付した者	人	うち投票者 人	備考
5	公職選挙法施行令第59条の6第8項の規定により投票送信用封筒の交付を受けて投票した船員	人	うち投票者	備考
6	公職選挙法施行令第59条の6の3第3項の規定により投票送信用紙及び投票送信用封筒の交付を受けて投票した船員	人		備考
7	公職選挙法施行令第59条の6の4第1項の規定により投票送信用紙及び投票送信用封筒の交付を受けて投票した船員	人		備考
8	公職選挙法施行令第59条の8第3項において準用する同令第59条の6第8項の規定により投票送信用封筒の交付を受けて投票した者	人	うち投票者	備考
9	特定患者等の郵便等を用いて行う投票方法の特例に関する法律施行令第1条第3項の規定により投票用紙及び投票用封筒の交付をした者	人	うち投票者 人	備考
	計			
10	投票用紙及び投票用封筒の交付を拒絶した者			備考
	計	拒絶理由	拒絶 年 月 日	

（氏名）
（氏名）

何年何月何日調製
何市（区）（町）（村）選挙管理委員会委員長　氏名　印
備考
1　公職選挙法施行令第53条、第54条、第59条の4若しくは第59条の5の4又は特定患者等の郵便等を用いて行う投票方法の特例に関する法律施行令第1条第3項の規定により投票用紙及び投票用封筒の交付をした者のうち当日前投票所においてする公職選挙法第50条の規定による仮投票を行った者がある場合には、その者の氏名を1の欄、2の欄、3の欄、4の欄又は9の欄の「備考」欄に記載すること。
2　この様式に掲げる事項のほか、緊要と認める事項の記載については、公職選挙法施行規則別記第24号様式その一の備考13に準ずる。

総 行 選 第 35 号
令和 3 年 6 月 18 日

各 都 道 府 県 知 事
各都道府県選挙管理委員会委員長
各 指 定 都 市 市 長
各指定都市選挙管理委員会委員長
殿

総 務 大 臣

　　　　特定患者等の郵便等を用いて行う投票方法の特例に関する法律等の
　　　　施行について（通知）

　第204回国会において成立をみた特定患者等の郵便等を用いて行う投票方法の特例
に関する法律（令和 3 年法律第82号。以下「特例法」という。）が本日公布され、公
布の日から起算して 5 日を経過した日（令和 3 年 6 月23日）から施行されます。ま
た、これに伴い、特定患者等の郵便等を用いて行う投票方法の特例に関する法律施行
令（以下「特例令」という。）及び特定患者等の郵便等を用いて行う投票方法の特例
に関する法律施行規則（以下「特例則」という。）についても、それぞれ令和 3 年政
令第175号及び令和 3 年総務省令第61号をもって、ともに本日公布され、特例法の
施行の日から施行されます。
　貴職におかれましては、特例法、特例令及び特例則の内容を十分御理解されるとと
もに、その運用に遺漏のないよう、下記事項に御留意の上、各都道府県知事及び各都
道府県選挙管理委員会委員長におかれましては、貴都道府県内の指定都市を除く市区
町村長及び市区町村の選挙管理委員会委員長に対しても、格別の御配慮をお願いしま
す。
　また、特例法、特例令及び特例則の運用については、別途通知するので、参考とし
てください。

記

第 1 　趣旨
　特例法は、新型コロナウイルス感染症（病原体がベータコロナウイルス属のコロ
ナウイルス（令和 2 年 1 月に、中華人民共和国から世界保健機関に対して、人に
伝染する能力を有することが新たに報告されたものに限る。）である感染症をいう。
第 2 及び第 5 において同じ。）及びそのまん延防止のための措置の影響により、特
定患者等が投票をすることが困難となっている現状に鑑み、当分の間の措置とし
て、特定患者等の郵便等（公職選挙法（昭和25年法律第100号）第49条第 2 項に
規定する郵便等をいう。以下同じ。）を用いて行う投票方法について、公職選挙法
の特例を定めるものとされたこと。（特例法第 1 条関係）

第 2　定義

　特例法において「特定患者等」とは、新型コロナウイルス感染症の患者又は新型コロナウイルス感染症の病原体に感染したおそれのある者であって、次のいずれかに該当するものをいうものとされたこと。(特例法第 2 条関係)

①　感染症の予防及び感染症の患者に対する医療に関する法律（平成 10 年法律第 114 号）第 44 条の 3 第 2 項又は検疫法（昭和 26 年法律第 201 号）第 14 条第 1 項（第 3 号に係る部分に限る。）の規定による宿泊施設又は当該者の居宅若しくはこれに相当する場所から外出しないことの求め（第 3 において「外出自粛要請」という。）を受けた者

②　検疫法第 14 条第 1 項第 1 号又は第 2 号に掲げる措置（第 3 において「隔離・停留の措置」という。）により宿泊施設内に収容されている者

第 3　特例郵便等投票

1　選挙人で特定患者等であるもの（以下「特定患者等選挙人」という。）の投票（在外選挙人名簿に登録されている選挙人（公職選挙法第 49 条の 2 第 1 項に規定する政令で定めるものを除く。）にあっては、衆議院議員又は参議院議員の選挙における投票に限る。）については、政令で定めるところにより、その現在する場所において投票用紙に投票の記載をし、これを郵便等により送付する方法により行わせることができるものとされたこと。(特例法第 3 条第 1 項関係)

　具体的には、次の 2 から 4 までによるものであること。

2　1 による投票（以下「特例郵便等投票」という。）をしようとする特定患者等選挙人は、請求の時において外出自粛要請又は隔離・停留の措置に係る期間（以下「外出自粛要請等期間」という。）が投票をしようとする選挙の期日の公示又は告示の日の翌日から当該選挙の当日までの期間（以下「選挙期間」という。）にかかると見込まれるときは、当該選挙の期日前 4 日までに、その登録されている選挙人名簿又は在外選挙人名簿の属する市町村の選挙管理委員会の委員長に対して、当該特定患者等選挙人が署名（点字によるものを除く。）をした文書により、かつ、外出自粛要請又は隔離・停留の措置に係る書面を提示して、投票用紙及び投票用封筒の交付を請求することができるものとされたこと。ただし、当該書面の提示をすることができない特別の事情があり、かつ、理由を付してその旨を申し出た場合において、当該市町村の選挙管理委員会の委員長が第 4 による情報の提供を受けて当該特定患者等選挙人が特定患者等である旨及び請求の時に外出自粛要請等期間が選挙期間にかかると見込まれる旨の確認をすることができるときは、当該確認をもって当該書面の提示に代えることができるものとされたこと。(特例法第 3 条第 2 項及び特例令第 1 条第 1 項関係)

　なお、次に掲げる特定患者等選挙人が上記の請求をする場合（①に掲げる者にあっては都道府県の議会の議員又は長の選挙において当該請求をする場合に、③に掲げる者にあっては衆議院議員の総選挙又は参議院議員の通常選挙において当該請求をする場合に、④に掲げる者にあっては衆議院議員又は参議院議員の選挙において当該請求をする場合に限る。）には、当該市町村の選挙管理委員会の委員長に、それぞれ次に定める措置をとらなければならないものとされたこと。

（特例令第 1 条第 2 項関係）

① 公職選挙法第 9 条第 3 項の規定により都道府県の議会の議員又は長の選挙の選挙権を有する特定患者等選挙人　引続居住証明書類の提示又は引き続き当該都道府県の区域内に住所を有することの確認の申請

② 選挙人名簿登録証明書の交付を受けている船員である特定患者等選挙人　当該選挙人名簿登録証明書の提示

③ 南極選挙人証の交付を受けている特定患者等選挙人　当該南極選挙人証の提示

④ 在外選挙人証の交付を受けている特定患者等選挙人（当該特定患者等選挙人のうち選挙人名簿に登録されているもので公職選挙法施行令（昭和25年政令第89号）第65条の 2 に規定する者を除く。）当該在外選挙人証の提示

3　市町村の選挙管理委員会の委員長は、2 による投票用紙及び投票用封筒の請求を受けた場合において、その選挙に用いるべき選挙人名簿若しくはその抄本又は在外選挙人名簿若しくはその抄本と対照して（都道府県の議会の議員又は長の選挙において、2 の①に掲げる者にあっては、併せて、その者について、2 により提示された引続居住証明書類を確認し、又は住民基本台帳法第30条の10第 1 項の規定により地方公共団体情報システム機構から提供を受けた機構保存本人確認情報に基づき引き続き当該都道府県の区域内に住所を有することを確認して）、その請求をした選挙人が特定患者等選挙人に該当し、かつ、特例法第 3 条第 2 項本文に規定するときに該当すると認めたときは、投票用封筒の表面に当該選挙の種類を記入し、直ちに（選挙の期日の公示又は告示の日以前に請求を受けた場合には、当該選挙の期日の公示又は告示の日以前において市町村の選挙管理委員会の定める日以後直ちに）投票用紙及び投票用封筒を当該選挙人に郵便等をもって発送しなければならないものとされたこと。この場合において、2 により選挙人名簿登録証明書、南極選挙人証又は在外選挙人証の提示を受けたときは、当該選挙人名簿登録証明書、南極選挙人証又は在外選挙人証に、当該選挙の種類及び期日並びに当該選挙の特例郵便等投票の投票用紙及び投票用封筒を交付した旨を記入しなければならないものとされたこと。（特例令第 1 条第 3 項関係）

4　特例郵便等投票の方法について、公職選挙法施行令における郵便等による不在者投票の方法に関する規定（同令第59条の 5 ）を準用することとされたこと。（特例令第 1 条第 4 項関係）

第 4　情報の提供

都道府県知事（保健所を設置する市又は特別区にあっては、市長又は区長）及び検疫所長は、市町村の選挙管理委員会の委員長から特例郵便等投票に係る情報の提供の求めがあったときその他特例郵便等投票に関する事務の円滑な実施のために必要があると認めるときは、市町村の選挙管理委員会の委員長に対して、当該事務の実施に必要な範囲内において、当該事務に必要な情報を提供することができるものとされたこと。（特例法第 4 条関係）

第 5　特定患者等選挙人の努力

　特定患者等選挙人は、特例郵便等投票を行うに当たっては、新型コロナウイルス感染症の感染の拡大の防止に努めなければならないものとされたこと。(特例法第 5 条関係)

第 6　罰則

　特例郵便等投票については、特定患者等選挙人が投票の記載の準備に着手してから投票を記載した投票用紙を郵便等により送付するためこれを封入するまでの間における当該投票に関する行為を行う場所を投票所とみなして、公職選挙法第228条第 1 項及び第234条中同項に係る部分の規定を適用するものとされたこと。(特例法第 6 条関係)

第 7　郵便等による送付に要する費用の負担

　1　衆議院議員又は参議院議員の選挙に関する第 3 により行われる郵便等による送付に要する費用については、国庫の負担とするものとされたこと。(特例法第 7 条第 1 項関係)

　2　地方公共団体の議会の議員又は長の選挙に関する第 3 により行われる郵便等による送付に要する費用については、当該地方公共団体の負担とするものとされたこと。(特例法第 7 条第 2 項関係)

第 8　事務の区分

　1　特例法の規定及び特例法の規定により読み替えて適用する公職選挙法の規定並びに特例令及び特例令の規定により準用し、又は読み替えて適用する公職選挙法施行令の規定により、衆議院議員又は参議院議員の選挙に関し、都道府県又は市町村が処理することとされている事務は、地方自治法（昭和22年法律第67号）第 2 条第 9 項第 1 号に規定する第一号法定受託事務とするものとされたこと。(特例法第11条第 1 項及び特例令第 3 条第 1 項関係)

　2　特例法の規定及び特例法の規定により読み替えて適用する公職選挙法の規定並びに特例令及び特例令の規定により準用し、又は読み替えて適用する公職選挙法施行令の規定により、都道府県の議会の議員又は長の選挙に関し、市町村が処理することとされている事務は、地方自治法第 2 条第 9 項第 2 号に規定する第二号法定受託事務とするものとされたこと。(特例法第11条第 2 項及び特例令第 3 条第 2 項関係)

第 9　様式等

　1　特例郵便等投票に係る投票用紙及び投票用封筒の請求書の様式が定められたこと。(特例則第 1 条関係)

　2　特例郵便等投票に係る投票用封筒の様式は、公職選挙法施行規則（昭和25年総理府令第13号）における郵便等による不在者投票に係る投票用封筒の様式によるものとされたこと。(特例則第 2 条関係)

　3　特例法の規定の適用を受ける選挙の投票に係る不在者投票に関する調書の様式が定められたこと。(特例則第 3 条関係)

第10　施行期日等

　1　特例法は公布の日から起算して 5 日を経過した日（令和 3 年 6 月23日）から施行するものとし、特例令及び特例則についても同日から施行するものとされた

こと。(特例法附則第 1 項、特例令附則第 1 項及び特例則附則第 1 項関係)
2　特例法、特例令及び特例則の規定は、施行の日以後その期日を公示され又は
　告示される選挙について適用するものとされたこと。(特例法附則第 2 項、特例
　令附則第 2 項及び特例則附則第 2 項関係)
3　その他所要の規定の整理を行うものとされたこと。

総 行 管 第 175 号
総 情 郵 第 99 号
健 発 0618 第 7 号
令和 3 年 6 月 18 日

各 ｛ 都 道 府 県 知 事
都道府県選挙管理委員会委員長
保 健 所 設 置 市 長
特 別 区 長 ｝ 殿

総 務 省 自 治 行 政 局 選 挙 部 長
総務省情報流通行政局郵政行政部長
厚 生 労 働 省 健 康 局 長
（ 公 印 省 略 ）

特定患者等の特例郵便等投票及び濃厚接触者の投票について（通知）

　第204回国会において成立をみた特定患者等の郵便等を用いて行う投票方法の特例に関する法律（令和 3 年法律第82号。以下「特例法」という。）により、特定患者等の郵便等を用いて行う投票方法（以下「特例郵便等投票」という。）について、公職選挙法（昭和25年法律第100号）の特例が定められました。また、特例郵便等投票の手続の詳細等については、特定患者等の郵便等を用いて行う投票方法の特例に関する法律施行令（令和 3 年政令第175号。以下「特例令」という。）及び特定患者等の郵便等を用いて行う投票方法の特例に関する法律施行規則（令和 3 年総務省令第61号。以下「特例則」という。）により定められたところです。

　一方、濃厚接触者については、特例郵便等投票の対象とはされていませんが、濃厚接触者が投票のために外出することは「不要不急の外出」には当たらず、投票所等において投票することが可能であることについて、国会審議においても明らかにされました。

　ついては、下記のとおり特定患者等の特例郵便等投票に係る留意事項を取りまとめるとともに、併せて、濃厚接触者の投票所等における投票に係る留意事項を取りまとめましたので、貴職においては、全庁的な協力体制を構築し、その運用に遺漏のないようお願いします。

　また、各都道府県の選挙管理委員会においては、貴都道府県内の市区町村の選挙管理委員会に対しても、周知をお願いします。

　なお、本件通知は地方自治法（昭和22年法律第67号）第245条の 4 第 1 項の規定1に基づく技術的助言であることを申し添えます。

記

第1　特例郵便等投票の対象

　1　対象者（特例法第3条第1項関係）

　（1）特例郵便等投票の対象者は、選挙人で特定患者等（新型コロナウイルス感染
　　　症の患者又は新型コロナウイルス感染症の病原体に感染したおそれのある者で
　　　あって、次のいずれかに該当するものをいう。）であるもの（以下「特定患者等
　　　選挙人」という。）である。

　　①　感染症の予防及び感染症の患者に対する医療に関する法律（平成10年法律
　　　第114号。以下「感染症法」という。）第44条の3第2項又は検疫法（昭和26
　　　年法律第201号）第14条第1項（第3号に係る部分に限る。）の規定による宿
　　　泊施設又は当該者の居宅若しくはこれに相当する場所から外出しないことの求
　　　め（以下「外出自粛要請」という。）を受けた者

　　②　検疫法第14条第1項第1号又は第2号に掲げる措置（以下「隔離・停留の
　　　措置」という。）により宿泊施設内に収容されている者

　　※　濃厚接触者は、特例郵便等投票の対象ではないことに留意すること。

　（2）特定患者等選挙人が、特例郵便等投票を行うためには、投票用紙及び投票用
　　　封筒の請求があった時に外出自粛要請又は隔離・停留の措置に係る期間（以下
　　　「外出自粛要請等期間」という。）が投票をしようとする選挙の期日の公示又は
　　　告示の日の翌日から当該選挙の当日までの期間（以下「選挙期間」という。）に
　　　かかると見込まれる必要がある。

　2　対象となる選挙（特例法附則第1項及び第2項関係）

　　　特例法の施行の日（令和3年6月23日）以後その期日を公示され又は告示さ
　　れる選挙

第2　特例郵便等投票の手続及び方法

　　　特例郵便等投票の手続及び方法は以下のとおりであるので、各選挙管理委員会に
　　おいては、その事務に遺漏のないようにするとともに、選挙人及び在外選挙人に対
　　して周知すること。

　　　特に、特定患者等選挙人は、特例郵便等投票を行うに当たっては、新型コロナウ
　　イルス感染症の感染の拡大の防止に努めなければならないこととされている（特例
　　法第5条）ことから、特定患者等選挙人において感染拡大防止に必要となる措置
　　について周知徹底すること。

　1　投票用紙及び投票用封筒の請求（特例法第3条第2項関係）

　（1）投票用紙及び投票用封筒の請求書等の入手

　　ア　特例郵便等投票の投票用紙及び投票用封筒（以下「投票用紙等」という。）
　　　の請求は、文書（以下「請求書」という。）による必要がある。

　　　　各市区町村の選挙管理委員会は、請求書の様式をウェブサイト等に掲載し、
　　　特定患者等選挙人が自らダウンロード及び印刷ができるようにすること。ま
　　　た、総務省のウェブサイト（※）にも請求書の様式を掲載する予定であるほ

か、当該様式の電子データも配布するので、必要に応じて活用すること（別添
1参照）。

※　https://www.soumu.go.jp/senkyo/senkyo_s/news/tokurei_yuubin.
html

イ　特定患者等選挙人が請求書を郵送により送付するに当たっては、料金受取人
払の方法によるよう日本郵便株式会社から要請されているところ、そのために
は、各市区町村の選挙管理委員会について承認を受けた表示（以下「受取人払
郵便物の表示」という。）をした封筒により郵送する必要がある（別添2参
照）。

　市区町村の選挙管理委員会は、前記アの請求書の様式のほか、選挙の期日の
公示又は告示の日の一定期間前から選挙の期日前4日までの間、受取人払郵便
物の表示の様式をウェブサイト等に掲載し、特定患者等選挙人が自らダウン
ロード及び印刷し、私製の封筒に貼付等することができるようにすること。当
該様式の電子データを配布するので、必要に応じて活用すること。

ウ　特定患者等選挙人が請求書を郵送するに当たっては、請求書等を封入した封
筒を、更にファスナー付きの透明のケース等に封入するよう日本郵便株式会社
から要請されていることから、特定患者等選挙人に対し、可能な限りファス
ナー付きの透明のケース等を用意するよう周知すること（手元に当該ケース等
がない特定患者等選挙人については、知人等に入手を依頼するよう促すことが
考えられる。）。

　なお、後述のとおり、特定患者等選挙人においてファスナー付きの透明の
ケース等の入手が困難である場合は、手元にある透明のケース、透明のビニー
ル袋等に封入し、テープ等で密封することも差し支えない。

エ　市区町村の選挙管理委員会は、特定患者等選挙人から電話等により求めが
あった場合には、請求書、受取人払郵便物の表示をした封筒及びファスナー付
きの透明のケース等を特定患者等選挙人に対して郵送等により交付すること。

オ　施行日後直近に選挙の執行を予定している選挙管理委員会においては、保健
所から自宅療養者に対して感染防止協力依頼書（感染症の予防及び感染症の患
者に対する医療に関する法律施行規則（平成10年厚生省令第99号。以下「感
染症法施行規則」という。）第23条の4第1項の書面をいう。以下同じ。）を
交付する際等に、併せて請求書、受取人払郵便物の表示をした封筒及びファス
ナー付きの透明のケース等を交付（同封）するよう保健所に依頼することが考
えられる。

　また、宿泊療養者に対しては、宿泊施設の職員等から請求書、受取人払郵便
物の表示をした封筒及びファスナー付きの透明のケース等を配布するよう、都
道府県の選挙管理委員会を通じて宿泊施設を運営する都道府県の保健福祉部局
等と連携して取り組むこと。

（2）請求書の記載（特例令第1条第1項関係）

ア　請求は、選挙の期日前4日までに、その登録されている選挙人名簿又は在
外選挙人名簿の属する市区町村の選挙管理委員会の委員長に対して行う必要が

ある（選挙の期日の公示又は告示日以前においても請求することができる。）。

※　在外選挙人名簿に登録されている選挙人（公職選挙法施行令第65条の2に規定する者を除く。以下「在外選挙人」という。）にあっては、衆議院議員又は参議院議員の選挙における投票に限る。

イ　請求書の記載（封筒への封入等を含む。）に当たっては、<u>作業前に必ず手指衛生を行う</u>とともに、<u>マスクや清潔な使い捨て手袋を着用</u>することが望ましいので、特定患者等選挙人に対し、別添啓発素材等により、その徹底を周知すること。

ウ　請求書には、特定患者等選挙人本人が署名（点字によるものを除く。）する必要がある。

（3）書面の提示等（特例令第1条第1項及び第2項関係）

ア　請求に当たっては、外出自粛要請又は隔離・停留の措置に係る書面を提示（同封）する必要がある。

当該書面とは、具体的には、次に掲げる書面をいう。

①　感染防止協力依頼書（別添4参照）

②　検疫法による外出自粛要請（同法第14条第1項第3号）に係る書面（同法施行規則（昭和26年厚生省令第53号）第4条の3）（別添5・6参照）

※　別添5の書面は、検疫所名が表示された状態で交付される。

③　検疫法による隔離・停留の措置（同法第14条第1項第1号又は第2号）により宿泊施設内に収容されている者であることを検疫所長が証する書面（別添7・8参照）

④　感染症法第18条第1項の規定による就業制限の通知に係る書面（以下「就業制限通知書」という。）

※　④の就業制限通知書については、感染症法第18条第1項の規定による就業制限の通知を受けた者は、同法上、外出自粛要請又は同法第26条第2項において読み替えて準用する同法第19条第1項の規定による入院の勧告若しくは同条第3項の規定による入院の措置等を受ける（自宅療養者、宿泊療養者又は入院患者のいずれかとなる）ことから、選挙人が入院患者であると疑われる場合には、個別に確認を行うこと。

上記の書面は、差し迫った必要がある場合等には、投票用紙等の請求の時に特定患者等に交付されていない場合がある（感染症法施行規則第23条の4第1項ただし書等参照）。このように、<u>上記の書面を提示することができない特別の事情がある場合は、特定患者等選挙人が、その旨を理由を付して申し出る必要がある</u>（後記2（2）エ（イ）参照）。

イ　特定患者等選挙人が、公職選挙法第9条第3項の規定により都道府県の議会の議員又は長の選挙の選挙権を有する者である場合には、引続居住証明書類の提示又は引き続き当該都道府県の区域内に住所を有することの確認の申請をする必要がある。

また、特定患者等選挙人が選挙人名簿登録証明書、南極選挙人証又は在外選挙人証の交付を受けている場合は、投票用紙等の請求に当たり、これらを併せ

て提示する必要がある（南極選挙人証にあっては衆議院議員の総選挙又は参議院議員の通常選挙において請求する場合、在外選挙人証にあっては衆議院議員又は参議院議員の選挙において請求する場合のみ。）。

※　これらの書面の提示等を要するため、ファクシミリやオンラインによる請求はできないものであること。

（4）請求書等の郵送等

ア　請求書等を郵送する場合は、日本郵便株式会社からの要請を踏まえ、できる限り次の方法により発送するよう、周知すること。

①　請求書及び添付書類を受取人払郵便物の表示をした封筒に封入し、当該封筒の表面の「請求書在中・投票在中」の「請求書在中」に○の記号を記載するなどして選択する。

②　①の封筒を更にファスナー付きの透明のケース等に封入し、当該ケースの表面を、アルコール消毒液を吹きかけて拭きとる等により消毒する。

なお、ファスナー付きの透明のケース等の入手が困難である場合は、手元にある透明のケース、透明のビニール袋等に封入し、テープ等で密封し、当該ビニール袋等の表面を消毒することも差し支えない。

③　②を郵便ポストに投かんする。

イ　③について、患者が請求書等を郵送する場合は、同居人や知人等（患者でない者）に投かんを依頼することとなる。

その際、当該投かんを担う者は次の点に留意するよう、周知すること。

・忘れず、速やかに投かんすること。

・患者と接触せずに受け渡しを行うこと。

・必ず作業前後での手指衛生とマスクの着用を行うこと。さらに、使い捨て手袋の着用が望ましく、この場合は、投かん後に直ちに廃棄すること。

※　当該同居人が濃厚接触者である場合も、郵便ポストへの投かんについては、「不要不急の外出」には当たらず、当該同居人に投かんを依頼することは可能である。

※　投かんは、患者本人が依頼することが原則であるが、一人暮らしをしており、投かんを依頼できる人もいない等の理由により、やむを得ず同居人、知人等に投かんを依頼できない旨の相談があったときは、必要な援助について個々の地域の実情に応じて検討されたいこと。

また、宿泊療養者が請求書等を郵送する場合は、宿泊施設の職員等が代わりに投かんするよう、各選挙管理委員会と宿泊施設を運用する都道府県の保健福祉部局等との間で連携を図ること。

2　投票用紙等の交付（特例令第1条第3項関係）

（1）選挙人名簿等との対照等

ア　市区町村の選挙管理委員会の委員長は、投票用紙等の請求を受けた場合は、請求者が選挙人名簿又は在外選挙人名簿に登録されているかどうかを選挙人名簿若しくはその抄本又は在外選挙人名簿若しくはその抄本と対照する。

イ　都道府県の議会の議員又は長の選挙においては、請求者が公職選挙法第9

条第 3 項の規定により都道府県の議会の議員又は長の選挙の選挙権を有する者である場合にあっては、次のいずれかの方法により確認する。

① 提示された引続居住証明書類を確認する。

② 住民基本台帳法（昭和42年法律第81号）第30条の10第 1 項（第 1 号に係る部分に限る。）の規定により地方公共団体情報システム機構から提供を受けた機構保存本人確認情報に基づき引き続き当該都道府県の区域内に住所を有することを確認する。

（2）特定患者等であること等の確認

ア　市区町村の選挙管理委員会の委員長は、提示された外出自粛要請又は隔離・停留の措置に係る書面により、次の 2 点を確認する。

① 請求者が、特定患者等であること。

② 請求の時において外出自粛要請等期間が選挙期間にかかると見込まれること。

イ　①の確認は、就業制限通知の提示があった場合に、請求書に記載された送付先の住所が病院であるなど、入院患者からの請求である可能性があるときは、特例法第 4 条の規定による市区町村の選挙管理委員会からの求めに対する保健所等からの情報提供により、当該請求者が上記第 1 の 1 の特定患者等であること（外出自粛要請等を受けていること）を確認する。

ウ　②の確認は、次の方法によることが考えられる。なお、たとえ外出自粛要請期間等が選挙期間にかかる場合であっても、投票用紙等の請求時点で既に外出自粛要請等期間が終了している場合には、特例郵便等投票を行うことはできないことに留意すること。

（ア）提示された外出自粛要請又は隔離・停留の措置に係る書面の「協力を求める期間」に終期が明記されている場合には、形式的に当該期間が選挙期間にかかると見込まれることを確認する。

（イ）「協力を求める期間」に退院基準（※）のみが記載されており、特定の日が終期として記載されていない場合は、当該退院基準に照らして外出自粛要請等期間が選挙期間にかかる蓋然性があることを確認する。

なお、この「蓋然性」については、特定患者等選挙人の投票機会を確保しようとする特例法の趣旨に鑑み、厳格に解する必要はないが、市区町村の選挙管理委員会の委員長において明らかに外出自粛要請等期間が選挙期間にかからないと判断する場合には、エにより個別に情報の提供を求めて確認することとなる。

※　「感染症の予防及び感染症の患者に対する医療に関する法律における新型コロナウイルス感染症患者の退院及び就業制限の取扱いについて」（令和 2 年 2 月 6 日健感発0206第 1 号厚生労働省健康局結核感染症課長通知。令和 3 年 2 月25日最終改正）に定める期間（別添 9 参照）

エ　情報の提供（特例法第 4 条関係）

（ア）市区町村の選挙管理委員会の委員長から特例郵便等投票に係る情報の提供の求めがあったときその他特例郵便等投票に関する事務の円滑な実施のた

めに必要があると認めるときは、都道府県知事（保健所を設置する市又は特別区にあっては、市長又は区長）又は検疫所長は、市区町村の選挙管理委員会の委員長に対して、当該事務の実施に必要な範囲内において、当該事務に必要な情報を提供することができる。

（イ）市区町村の選挙管理委員会の委員長は、次のような場合には、当該情報の提供により、請求者が特定患者等である旨及び請求の時に外出自粛要請等期間が選挙期間にかかると見込まれる旨の確認（以下「特定患者等であること等の確認」という。）を行うこととなる。

①　請求者において、書面の提示をすることができない特別の事情があり、かつ、その旨を理由を付して申し出た場合

②　特定患者等選挙人が提示した書面のみでは特定患者等であること等の確認ができない場合

（ウ）この情報の提供は、特定患者等選挙人から求めがあった場合に個別に行う方法に限られない。例えば、差し迫った必要があるなどの理由により、保健所において外出自粛要請に係る期間の開始と同時に外出自粛要請に係る書面の交付ができていないなどの場合には、保健所から市区町村の選挙管理委員会に対し、あらかじめ、当該市区町村の外出自粛要請を受けている者のリスト（以下「対象者リスト」という。）を、選挙期間中交付し、市区町村の選挙管理委員会において、請求書と対象者リストを照合することで、上記の確認を行うことも考えられる。

※　なお、上記（ウ）の方法は、差し迫った必要があるなどの理由により、外出自粛要請に係る書面の交付ができておらず、特定患者等選挙人から求めがあった場合に個別に情報の提供を行う方法によることも困難であるときに許容される方法であることに留意すること。

※　保健所を設置する市又は特別区においては、選挙管理委員会の職員を保健所の職員に併任し、保健所の職員として、システム等により特定患者等であること等の確認を行うことも考えられる。

（3）投票用紙等の発送

ア　市区町村の選挙管理委員会の委員長は、（1）及び（2）の後、投票用封筒の表面に当該選挙の種類を記入し、直ちに（選挙の期日の公示又は告示の日以前に請求を受けた場合には、当該選挙の期日の公示又は告示の日以前において市区町村の選挙管理委員会の定める日以後直ちに）投票用紙及び投票用封筒を当該特定患者等選挙人に郵便等をもって発送しなければならない。

この場合において、投票用紙等の請求時に選挙人名簿登録証明書、南極選挙人証又は在外選挙人証の提示を受けたときは、当該選挙の種類及び期日並びに当該選挙の特例郵便等投票の投票用紙及び投票用封筒を交付した旨を記入しなければならない。

イ　投票用紙等の発送に当たっては、次のものを同封すること。

①　投票用紙及び投票用封筒（内封筒及び外封筒）

②　受取人払郵便物の表示をした返信用封筒（速達扱いとすること。）

③ ファスナー付きの透明のケース等（②を入れるためのもの）
④ 特定患者等選挙人から外出自粛要請又は隔離・停留の措置に係る書面を提示されたときは、当該書面
⑤ 特定患者等選挙人から選挙人名簿登録証明書、南極選挙人証又は在外選挙人証を提示されたときは、当該証明書等
ウ 自宅療養者に対して投票用紙等を郵送する場合、自宅療養者本人への確実な交付を担保する観点から、追跡記録を残すため、レターパック、書留等によることが考えられる（書留による場合は、速達扱いとすること。）。
この場合、非対面配達によるよう日本郵便株式会社から要請されているので、次の表示をすること。

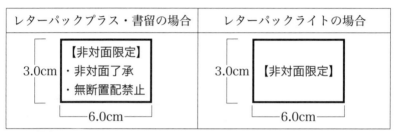

レターパックプラス・書留の場合	レターパックライトの場合
3.0cm 【非対面限定】・非対面了承・無断置配禁止 6.0cm	3.0cm 【非対面限定】 6.0cm

備考
1 上記表示は、郵便物等の表面に明瞭に表示すること。
※ 料額印面部、追跡番号等を隠さないように表示すること。
※ 可能な限り、届け先欄の付近に表示すること。
2 表示の大きさは、上記を最小とする。
3 背景は黄色とするが、カラー印刷が困難な場合は白黒としても差し支えない。
4 郵便物等の表面に受取人の電話番号を記入すること。

エ 宿泊療養者に対して投票用紙等を郵送する場合、特定患者等選挙人に確実に送付できるよう、宛名欄には「気付」表示をすること（「○○ホテル気付△△□□様（受取人の氏名）」等）。
この場合、宿泊施設の職員等が使者として代わって受領することとなるので、都道府県の選挙管理委員会は、宿泊施設を運営する都道府県の保健福祉部局等と連携し、代わって受領した投票用紙等を宿泊療養者本人に確実に交付するよう、宿泊施設の職員等に周知徹底すること。
3 特例郵便等投票の方法（特例令第1条第4項の規定により読み替えて準用する公職選挙法施行令第59条の5）
（1）投票の記載
ア 上記2により投票用紙等の交付を受けた選挙人は、選挙の期日の公示又は告示があった日の翌日以後、その現在する場所において、投票用紙に自ら（※1）当該選挙の公職の候補者一人の氏名（※2）を記載しなければならない。

　　※1　特例郵便等投票においては、代理記載制度（公職選挙法第49条第3項
　　　　参照）は設けられていない。
　　※2　衆議院比例代表選出議員の選挙にあっては一の衆議院名簿届出政党等
　　　　の公職選挙法第86条の2第1項の規定による届出に係る名称又は略称、参
　　　　議院比例代表選出議員の選挙にあっては公職の候補者たる参議院名簿登載者
　　　　一人の氏名又は一の参議院名簿届出政党等の同法第86条の3第1項の規定
　　　　による届出に係る名称若しくは略称。
　イ　投票の記載（封筒への封入等を含む。）に当たっては、請求書の記載（1
　　（2）ウ）と同様に、特定患者等選挙人が、作業前に必ず手指衛生を行うとと
　　もに、マスクや清潔な使い捨て手袋を着用することが望ましいので、特定患者
　　等選挙人に対し、その徹底を周知すること。
（2）投票の送付
　ア　特例郵便等投票は、投票用紙等の交付を受けた市区町村の選挙管理委員会の
　　委員長に対し、当該選挙人が属する投票区の投票所（当該投票区が指定関係投
　　票区等である場合には、当該投票区に係る指定投票区の投票所）又は指定在外
　　選挙投票区の投票所を閉じる時刻までに（特例令第2条第1項において読み
　　替えて適用する）公職選挙法施行令第60条第2項の規定による投票の送致が
　　できるように、郵便等をもって送付しなければならないので、できるだけ早期
　　に送付をするよう周知すること。
　イ　特定患者等選挙人が特例郵便等投票を郵送する場合は、日本郵便株式会社の
　　要請も踏まえ、次の方法によるよう周知すること。
　　①　特定患者等選挙人は、（1）により記載した投票用紙を内封筒に入れて封
　　　をし、更に外封筒に入れて封をする。
　　②　①により封をした外封筒の表面に投票の記載の年月日及び場所を記載し、
　　　氏名欄に署名（点字によるものを除く。）する。
　　③　②の外封筒を更に市区町村の選挙管理委員会から交付された受取人払郵便
　　　物の表示をした返信用封筒に封入し、当該封筒の表面の「請求書在中・投票
　　　在中」の「投票在中」に○の記号を記載するなどして選択する。
　　④　③の封筒を更に市区町村の選挙管理委員会から交付されたファスナー付き
　　　の透明のケース等に封入し、当該ケースの表面を、アルコール消毒液を吹き
　　　かけて拭きとる等により消毒する。
　　⑤　④を郵便ポストに投かんする。
　ウ　⑤について、患者が特例郵便等投票を郵送する場合の郵便ポストへの投かん
　　は、請求書等の郵送の場合（上記1（4）イ）と同様に、同居人や知人等又は
　　宿泊施設の職員等に投かんを依頼することとなる。
4　特例郵便等投票の送致等（公職選挙法施行令第60条から第65条まで及び第65
　条の13（特例令第2条の規定により読み替えて適用する場合を含む。）関係）
　　4の手続については、公職選挙法第49条第2項の規定による郵便等による不
　在者投票の場合と基本的に同様であるが、その概要を示すと次のとおりである。
（1）特例郵便等投票の送致

市区町村の選挙管理委員会の委員長は、特例郵便等投票の送付を受けた場合に
　は、これを選挙人が属する投票区（在外選挙人の投票にあっては、指定在外選挙
　投票区）の投票管理者（当該投票区が指定関係投票区等である場合には、当該投
　票区に係る指定投票区の投票管理者）に、当該投票管理者に係る投票所を開いた
　時刻以後直ちに送致しなければならない。
（2）不在者投票に関する調書
　ア　特定患者等選挙人が登録されている選挙人名簿又は在外選挙人名簿の属する
　　市区町村の選挙管理委員会の委員長は、不在者投票事務処理簿に、特例令第
　　1条第1項から第3項までの規定によりとった措置の明細についても記載し
　　なければならない。
　イ　市区町村の選挙管理委員会の委員長は、不在者投票に関する調書に、アの不
　　在者投票事務処理簿に基づき特例郵便等投票に係る概略についても記載する
　　（特例則第3条）。
（3）投票所の閉鎖前に送致を受けた特例郵便等投票の措置
　　投票管理者（指定関係投票区等（指定在外選挙投票区である指定関係投票区等
　を除く。）の投票管理者を除く。（4）において同じ。）は、投票所を閉じる時刻
　までに（1）による特例郵便等投票の送致を受けた場合には、送致に用いられた
　封筒を開いて、その中に入っている投票を一時そのまま保管しなければならな
　い。
（4）特例郵便等投票の受理不受理等の決定
　ア　投票管理者は、投票箱を閉じる前に、投票立会人の意見を聴いて、（3）に
　　より保管する投票が受理することができるものであるかどうかを決定しなけれ
　　ばならない。
　イ　投票管理者は、アにより受理の決定を受けた投票については、投票用封筒を
　　開いて、直ちにこれを投票箱に入れなければならず、アにより受理すべきでな
　　いと決定された投票については、更にこれをその投票送致用封筒に入れて仮に
　　封をし、その表面に公職選挙法施行令第63条第1項の規定による不受理の決
　　定があった旨を記載し、これを投票箱に入れなければならない。
（5）特例郵便等投票の投票用紙の返還等
　ア　交付を受けた特例郵便等投票の投票用紙及び投票用封筒は、投票所、共通投
　　票所及び期日前投票所においては、使用することができない。
　イ　特例郵便等投票の投票用紙及び投票用封筒の交付を受けた場合において、特
　　例郵便等投票をしなかったときは、その投票用紙及び投票用封筒を返して、当
　　日投票又は期日前投票（在外選挙人にあっては、公職選挙法第49条の2第1
　　項の規定による投票を含む。）をすることができる。
　　　また、これらの投票をもしなかったときは、速やかにその投票用紙及び投票
　　用封筒をその交付を受けた市区町村の選挙管理委員会の委員長に返さなければ
　　ならない。
（6）投票所閉鎖後に送致を受けた特例郵便等投票の措置
　　投票管理者は、投票所を閉じるべき時刻を経過した後に（1）による投票の送

致を受けた場合には、送致に用いられた封筒を開いて、投票用封筒の裏面に受け取った年月日及び時刻を記載し、これを開票管理者に送致しなければならない。

第 3　特例郵便等投票に係る市区町村の選挙管理委員会、投票所及び開票所における感染防止措置

　市区町村の選挙管理委員会、投票所及び開票所においては、特定患者等選挙人の請求書等又は投票用紙等を取り扱うこととなることから、次に掲げる感染防止措置を講じること。

①　作業前後の手指衛生及びマスクの着用を行うこと。さらに、清潔な使い捨て手袋の着用が望ましく、この場合は、作業後、直ちに廃棄すること。

②　定期的な換気の励行（窓の開放による場合、換気回数を毎時 2 回以上（30 分に 1 回以上、数分間程度、窓を全開する。）とすること。また、空気の流れを作るため、複数の窓がある場合、2 方向の壁の窓を開放すること。窓が 1 つしかない場合は、ドアを開けること（※）。）

※　「換気の悪い密閉空間」を改善するための換気の方法（リーフレット）」（令和 2 年 4 月 5 日改訂）https://www.mhlw.go.jp/content/10900000/000618969.pdf

③　その他、「選挙の管理執行における新型コロナウイルス感染症への対応について」（令和 2 年 2 月 26 日付け総行管第 76 号各都道府県選挙管理委員会委員長宛て総務省自治行政局選挙部長通知。以下「令和 2 年 2 月 26 日付け通知」という。）等の累次の通知及び事務連絡において示した感染防止対策を徹底すること。

※　なお、新型コロナウイルスの残存期間に係る次の報告も踏まえ、作業前後の手指衛生の徹底等を前提として、請求書等及び投票用紙等の消毒は不要と考えられる。

・プラスチックの表面では最大72時間、ボール紙では最大24時間生存するなどあるが、表面との接触による感染は具体的な報告がない（世界保健機関）。

・ステンレス、プラスチック、ガラス等は、屋内で 3 日（72時間）以内に99％減少する。表面との接触による感染は主要な感染経路ではなく、リスクは低いとされる（米国疾病予防管理センター）。

第 4　特例郵便等投票に係る選挙管理委員会、保健所等における運用上の留意事項
　1　選挙管理委員会における準備
（1）料金受取人払の承認請求

　　ア　上記のとおり、特例郵便等投票においては、特定患者等選挙人から市区町村の選挙管理委員会の委員長に対する投票用紙等の請求及び投票の郵送には、料金受取人払の方法によるよう日本郵便株式会社から要請されている。

　　イ　料金受取人払の方法による場合は、内国郵便約款第61条の規定により、受取人である各市区町村の選挙管理委員会が、あらかじめ受取人払取扱郵便局に対して承認の請求を行い、その承認を受けなければならない。

　　　　また、料金受取人払の承認を受けようとする場合、日本郵便株式会社所定の

書面にその請求に係る表示の見本を添えて受取人払取扱局に提出する必要があることから、各市区町村の選挙管理委員会は、「料金受取人払承認請求書」（別添３）を作成するとともに、受取人払郵便物の表示をした見本を作成し、受取人払取扱局に承認の請求を行うこと。

※　料金受取人払は、受取人払郵便物に用いるべき封筒の数量が100枚以上であることが利用の条件であるため、特定患者等選挙人が100人に満たない場合であっても、その後の増加が見込まれるものとして、封筒の数量は100通以上として請求すること。なお、この取扱いは、日本郵便株式会社も了解している。

ウ　日本郵便株式会社の承認には、一定の時間を要するので、特に直近に選挙の執行を予定している市区町村の選挙管理委員会においては、速やかにその承認の請求を行うこと。

エ　承認を受けた場合には、上記イにより作成した受取人払郵便物の表示をした封筒に、受取人払取扱局から指示された承認番号の表示を行い、ウェブサイト等にその様式を掲載等するとともに、投票用紙等の交付の際に当該封筒を同封すること。

（２）物資の調達

ア　特例郵便等投票には、少なくとも次の物資の調達が必要となるので、各選挙管理委員会においては、選挙の執行に間に合うようにその調達を行うこと。

①　投票用封筒（外封筒及び内封筒）

※　特例郵便等投票に用いる投票用封筒の様式は、公職選挙法第49条第２項の規定による郵便等による不在者投票に用いる投票用封筒の様式と同一である。

②　受取人払郵便物の表示をした返信用封筒

③　ファスナー付きの透明のケース等

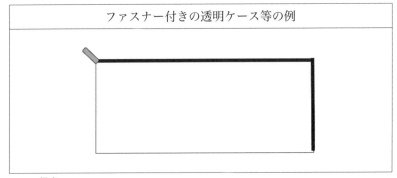

ファスナー付きの透明ケース等の例

備考

1　郵便物より一回り大きな大きさとすること。

2　内容物となる郵便物の宛名等を視認できるように外装の色は透明とすること。

　　　3　消毒を行うため、濡れに強い材質であること。
　　　4　内容品を確実に密封できるようにファスナー付きのものとすること。
　　　5　輸送等作業中に万が一にも破損しないような一定の強度とすること。

　イ　各選挙管理委員会において、管内の特定患者等選挙人の人数を把握していな
　　い場合は、物資の調達に必要となることから、あらかじめ保健所に情報提供を
　　求めること。
（3）選挙人に対する周知
　ア　各選挙管理委員会においては、保健所が感染防止協力依頼書を交付する際等
　　に、感染防止協力依頼書にあわせてチラシを同封する等により自宅療養者に対
　　して啓発素材を配布できるよう、保健所と連携して取り組むよう努めること
　　（さらに、直近に選挙の執行を予定している場合には、請求書、受取人払郵便
　　物の表示をした封筒又はその様式及びファスナー付きの透明のケース等を交付
　　することが望ましい。）。
　　　また、宿泊療養者に対しては、宿泊施設において啓発素材を配布するよう、
　　宿泊施設を運営する都道府県の保健福祉部局等と連携して取り組むこと（さら
　　に、請求書、受取人払郵便物の表示をした封筒及びファスナー付きの透明の
　　ケース等を宿泊施設に備え付ける等して配布すること。）。
　イ　総務省において、投票の手続や方法を解説した啓発素材を作成しているの
　　で、各選挙管理委員会においては、必要に応じて活用すること。また、各保健
　　福祉部局においては、宿泊療養者又は自宅療養者への案内を記したウェブサイ
　　ト等がある場合には、総務省の作成した投票の手続や方法を解説したウェブサ
　　イトのリンク（※）を貼ること等により、周知に協力すること。
　　※　https://www.soumu.go.jp/senkyo/senkyo_s/news/tokurei_yuubin.
　　　html
　ウ　各選挙管理委員会においては、ウェブサイトへの掲載、投票所入場券への記
　　載（投票所入場券を送付する際に啓発素材を同封する方法を含む。）など、各
　　種媒体を活用し、特定患者等選挙人のみならず、住民に広く特例郵便等投票制
　　度について周知すること。その中で、特例郵便等投票の手続においては、公正
　　確保のため、他人の投票に対する干渉や、なりすまし等詐偽の方法による投票
　　について、公職選挙法上の罰則（投票干渉罪、詐偽投票罪）が設けられている
　　ことについても周知すること。
　　　また、「第5　濃厚接触者の投票」に記載する濃厚接触者の投票に関する取
　　扱いについても、投票所入場券への記載等により周知すること。
　2　感染防止協力依頼書の交付の徹底
　　　都道府県知事（保健所を設置する市又は特別区にあっては、市長又は区長）に
　　おいては、感染症法第44条の3第2項の規定により協力を求める場合には、感
　　染症法施行規則第23条の4第1項の規定に基づき、求める協力の内容、協力を
　　求める期間及びこれらの理由を書面により通知すること。同項において、当該事
　　項を書面により通知しないで感染の防止に必要な協力を求めるべき差し迫った必

要がある場合は、この限りでないこととされているが、同条第2項において、この場合には、できる限り速やかに交付しなければならないこととされており、特定患者等選挙人は、交付された書面を提示することにより、投票用紙等の請求を選挙の期日前4日までに行わなければならないこととされていることに留意すること。

　また、当該書面には、別添4に準じ、名あて人を明記するとともに、上記の事項を市区町村の選挙管理委員会が一見して分かるように、明確かつ確実に記載すること。感染防止協力依頼書は、これらの内容が記載されるものであれば、別添4に準じた様式に限らず、各地方公共団体において定めた様式を用いて差し支えないこと。

　なお、一時的に感染防止協力依頼書の発行業務が選挙に起因して急増する場合の職員への超過勤務手当や臨時的に雇用する職員の賃金に要する経費については、国政選挙においては国庫が負担するものであり、国会議員の選挙等の執行経費の基準に関する法律（昭和25年法律第179号）に基づき交付される選挙執行委託費により措置されること。

3　選挙管理委員会、保健所及び都道府県の保健福祉部局等の連携
（1）連絡体制の構築
　ア　市区町村の選挙管理委員会と保健所は、特例郵便等投票に関する事務の実施に当たり、緊密に連携する必要があることから、あらかじめ連絡窓口を把握しておくなど、連絡体制を構築すること。
　イ　都道府県の保健福祉部局等は、当該都道府県の選挙管理委員会と連携し、市区町村の選挙管理委員会と保健所との連絡体制を構築するに当たって必要な支援を行うこと。
（2）感染防止協力依頼書の交付に係る全庁的な体制の構築
　　現下の感染状況においては、感染症法施行規則第23条の4第1項の「感染の防止に必要な協力を求めるべき差し迫った必要がある場合」に該当するものとして、感染防止協力依頼書を直ちに交付できていない場合もあると考えられる。各地方公共団体の保健福祉部局及び保健所においては、引き続き感染拡大防止対策に取り組む必要があり、感染防止協力依頼書の交付への対応が難しいことも考えられることから、各地方公共団体においては、保健福祉部局及び保健所の業務の状況に鑑み、感染防止協力依頼書の交付の実施に向けて、全庁的な体制の構築に取り組まれたいこと。仮に感染防止協力依頼書の交付が難しい場合は、（3）に記載する情報の提供について対応を行うこと。
（3）保健所の選挙管理委員会に対する情報の提供
　ア　特例法第4条の規定により、都道府県知事（保健所を設置する市又は特別区にあっては、市長又は区長）は、市区町村の選挙管理委員会の委員長から特例郵便等投票に係る情報の提供の申出があったときその他特例郵便等投票に関する事務の円滑な実施のために必要があると認めるときは、市区町村の選挙管理委員会の委員長に対して、特例郵便等投票に関する事務の実施に必要な範囲内において、当該事務に必要な情報を提供することができることとされたこと

を踏まえ、市区町村の選挙管理委員会と緊密に連携すること。

イ　保健所は、市区町村の選挙管理委員会から、特定患者等であること等の確認をするために情報の提供の申出があったときは、投票用紙等の交付に係る事務は短い選挙期間の中で迅速に行う必要があることに鑑み、速やかに必要な情報を提供するよう努めること。

ウ　保健所を設置する市又は特別区の選挙管理委員会は、当該保健所に対し、当該市又は特別区の感染防止協力依頼書の様式、交付状況等に係る情報の提供を求めるとともに、感染防止協力依頼書が直ちに交付されていない状況がある場合には、特定患者等であること等の確認のために当該保健所に求める情報の提供の内容をあらかじめ確認しておくこと。

エ　都道府県の選挙管理委員会は、当該都道府県の保健福祉部局等に対し、当該都道府県の感染防止協力依頼書の様式、交付状況等に係る情報の提供を求めるとともに、感染防止協力依頼書が直ちに交付されていない状況がある場合には、市町村の選挙管理委員会が特定患者等であること等の確認のために当該都道府県の保健所に求めるべき情報の提供の内容をあらかじめ確認しておくこと。

　　また、これらの情報について、都道府県の選挙管理委員会にあっては管内の市町村の選挙管理委員会に、都道府県の保健福祉部局等にあっては当該都道府県の保健所に、それぞれ周知すること。

（4）周知等における連携

　　各選挙管理委員会と保健所は、特例郵便等投票制度の周知、請求書等の配布等について、連携して取り組むよう努めること。

第5　濃厚接触者の投票

1　濃厚接触者は、検査結果は陰性であることから、「不要不急の外出」等を控えるよう要請されているものの、制度上、宿泊療養や自宅療養の協力要請に従わない場合に入院勧告、入院措置等の対象となりうる患者とは、その取扱いに差があるものである。

　　もとより、濃厚接触者が投票のために外出することは「不要不急の外出」には当たらず、投票所等において投票することが可能である。

　　この場合、各投票所等においては下記3の基本的な感染防止対策を徹底するとともに、濃厚接触者が自ら、手指衛生及びマスク着用といった感染防止対策を講じること。

2　保健所及び各選挙管理委員会は、濃厚接触者から投票について相談があった場合には、上記1について説明すること。

　　あわせて、投票に当たっては、①自身の体調や感染防止対策に十分注意すること、②投票所等において必要な感染防止対策等を求める場合があること、③投票所等に移動する際は、公共交通機関以外の方法によることについて説明すること。

3　投票所等においては、令和2年2月26日付け通知以降の累次の通知及び事務

連絡を参照し、定期的・積極的な換気、消毒液の設置、人と人との距離の確保などの<u>基本的な感染防止対策を徹底する</u>こと。

4　投票所等において、濃厚接触者から申告があった場合には、投票管理者等は、地域の実情に応じて、例えば、次の方法により投票させることも考えられる。

・濃厚接触者に記載前の手指衛生及びマスクの着用を行わせるとともに、可能であれば清潔な使い捨て手袋を着用させる。

・濃厚接触者の次以降の受付順の選挙人を一定時間待機させる、濃厚接触者を別室で待機させ、他の選挙人が少なくなった際に投票させるなど、濃厚接触者とその他の選挙人の投票を時間的に分ける。

5　各選挙管理委員会は、上記1のとおり、濃厚接触者が投票所等において投票することが可能であることについて、投票管理者、投票立会人、投票事務従事者及び選挙人に対して周知を徹底すること。

【参考】別添資料一覧
(別添 1) 特例郵便等投票請求書
(別添 2) 受取人払郵便物の表示
(別添 3) 料金受取人払承認請求書
(別添 4) 感染防止協力依頼書
(別添 5) 健康カード（入国される皆さまへのご協力のお願い）
(別添 6) 外出自粛（入所）要請書
(別添 7) 隔離決定書
(別添 8) 停留決定書
(別添 9)「感染症の予防及び感染症の患者に対する医療に関する法律における新型コロナウイルス感染症患者の退院及び就業制限の取扱いについて」（令和2年2月6日健感発0206第1号厚生労働省健康局結核感染症課長通知。令和3年2月25日最終改正)
(別添10) 啓発素材

（別添１）

┌───┐
この請求書の記載及び封筒への封入等を行うに当たっては、マスクの着用や手指衛生等により感染拡大
の防止に努めてください。
└───┘

特 例 郵 便 等 投 票 請 求 書

　特定患者等の郵便等を用いて行う投票方法の特例に関する法律（以下「特例法」という。）第３条第１項の規定により、＿＿＿＿＿年＿＿＿＿＿月＿＿＿＿＿日執行の＿＿＿＿＿＿＿＿＿＿＿＿＿選挙において、次の現在する場所で郵便等による投票を行いたいので、特例法施行令第１条第１項の規定により投票用紙及び投票用封筒の交付を請求します。

＿＿＿＿＿年＿＿＿＿月＿＿＿＿日

＿＿＿＿＿＿＿＿＿＿＿　市・区・町・村　選挙管理委員会委員長　殿

1 請求者		フリガナ	
		氏名（署名）	
		住所	〒　　　－
	連絡先	電話番号	（　　　　　　）
		メールアドレス	
2　現在する場所（投票用紙等送付先）			□ 住所と同じ □ 住所以外（以下に記載） 〒　　　－
3　提示（同封）する文書 外出自粛要請又は隔離・停留の措置に係る書面の提示をすることができない特別の事情がある場合の申出			（１）外出自粛要請又は隔離・停留の措置に係る書面（次の①～③のいずれかを選択） 　　　□ ① 感染症法による外出自粛要請に係る書面 　　　□ ② 検疫法による外出自粛要請又は隔離・停留の措置に係る書面 　　　□ ③ 上記の書面の提示（同封）をすることができない旨申し出ます。 　　　　　（次の（ａ）及び（ｂ）を記入） 　　　　　（ａ）理由　□ 外出自粛要請又は隔離・停留の措置を受けたが、書面を交付されていないため 　　　　　　　　　　　□ 交付された書面を紛失したため 　　　　　　　　　　　□ その他（　　　　　　　　　　　　　　　） 　　　　　（ｂ）保健所又は検疫所の名称（　　　　　　　　　　） （２）その他の文書（該当する場合のみ選択） 　　　□ 在外選挙人証（在外選挙人名簿に登録されている選挙人の場合） 　　　□ 選挙人名簿登録証明書（選挙人名簿登録証明書の交付を受けている船員の場合） 　　　□ 南極選挙人証（南極選挙人証の交付を受けている選挙人の場合）
4　引き続き当該都道府県の区域内に住所を有することの確認の申請			□ 都道府県の議会の議員又は長の選挙において、住所の移転後も引き続き当該都道府県の区域内に住所を有することの確認を申請します。

備考
1　氏名欄の氏名は、必ず自分で書いてください。
2　投票用紙等は現在する場所に郵便等により送付されますので、住所以外の場合は所在地を明確に書いてください。
3　請求に当たっては、外出自粛要請又は隔離・停留の措置（特例法第２条第１号の外出自粛要請又は同条第２号の隔離・停留の措置）に係る書面（次のいずれかの書面）を提示（同封）してください（当該書面は、投票用紙等と併せて返送します。）。
　ア　感染症の予防及び感染症の患者に対する医療に関する法律による外出自粛要請に係る書面（同法施行規則第23条の４第１項）
　イ　検疫法による外出自粛要請（同法第14条第１項第３号）に係る書面（同法施行規則第４条の３）
　ウ　検疫法による隔離・停留の措置（同法第14条第１項第１号又は第２号）により宿泊施設内に収容されている者であることを検疫所長が証する書面
　エ　感染症の予防及び感染症の患者に対する医療に関する法律による就業制限の通知に係る書面（同法第18条第１項）
4　特別の事情により備考３の書面の提示（同封）をすることができない場合（特例法第３条第２項ただし書）は、表中３（１）③にチェックを入れ、理由その他必要事項を書いてください。
5　在外選挙人名簿に登録されている選挙人の場合は在外選挙人証、選挙人名簿登録証明書の交付を受けている船員の場合は選挙人名簿登録証明書、南極選挙人証の交付を受けている選挙人の場合は南極選挙人証をそれぞれ提示（同封）し、表中３（２）の該当する欄にチェックを入れてください。
6　都道府県の議会の議員又は長の選挙において、住所の移転後も引き続き当該都道府県の区域内に住所を有することの確認を申請する場合（特例法施行令第１条第２項第１号）には、表中４にチェックを入れてください。
7　この請求書の提出は、代理の方により行うことができます。

167

┌───┐
│ この請求書の記載及び封筒への封入等を行うに当たっては、マスクの着用や手指衛生等により感染拡大 │
│ の防止に努めてください。 │
└───┘

特 例 郵 便 等 投 票 請 求 書

特定患者等の郵便等を用いて行う投票方法の特例に関する法律（以下「特例法」という。）第3条第1項の規定により、___令和3__年__●__月__●__日執行の_____●●議会議員_____選挙において、次の現在する場所で郵便等による投票を行いたいので、特例法施行令第1条第1項の規定により投票用紙及び投票用封筒の交付を請求します。

令和3年 ● 月 ● 日

千代田 市・区・町・村 選挙管理委員会委員長 殿

1 請求者		フリガナ	センキョタロウ
		氏名（署名）	選挙 太郎 ← 必ず自分で記載（自筆）してください。
		住所	〒 100 － 8926　東京都千代田区霞が関2丁目1番2号　●●マンション●号室
	連絡先	電話番号	090 （ 1234 ） ●●●● ← 連絡の取れる電話番号を記載してください。
		メールアドレス	abc123@sample.xx.jp ← メールアドレスを持っていれば記載してください。

2 現在する場所（投票用紙等送付先）	□ 住所と同じ ☑ 住所以外（以下に記載） 〒 100 － ●●●● 東京都●●区●●町●丁目●番●号　●●ホテル

書面の提示ができない場合は③を選択し、理由及び要請等のあった保健所又は検疫所の名称を記載してください。

3 提示（同封）する文書 外出自粛要請又は隔離・停留の措置に係る書面の提示をすることができない特別の事情がある場合の申出	（1）外出自粛要請又は隔離・停留の措置に係る書面（次の○を選択） 　□① 感染症法による外出自粛要請に係る書面 　□② 検疫法による外出自粛要請又は隔離・停留の措置に係る書面 　☑③ 上記の書面の提示（同封）をすることができない旨申し出ます。 　　（次の（a）及び（b）を記入） 　┌─────────────────────────────┐ 　│（a）理由 ☑ 外出自粛要請又は隔離・停留の措置を受けた 　│　　　　　　　が、書面を交付されていないため 　│　　　　　□ 交付された書面を紛失したため 　│　　　　　□ その他（　　　　　　　　　　　　　　　　） 　│（b）保健所又は検疫所の名称（ ●●保健所 ） 　└─────────────────────────────┘ （2）その他の文書（該当する場合のみ選択） 　□ 在外選挙人証（在外選挙人名簿に登録されている選挙人の場合） 　□ 選挙人名簿登録証明書（選挙人名簿登録証明書の交付を受けている船員の場合） 　□ 南極選挙人証（南極選挙人証の交付を受けている選挙人の場合）

4 引き続き当該都道府県の区域内に住所を有することの確認の申請	□ 都道府県の議会の議員又は長の選挙において、住所の移転後も引き続き当該都道府県の区域内に住所を有することの確認を申請します。

備考
1　氏名欄の氏名は、必ず自分で書いてください。
2　投票用紙等は現在する場所に郵便等により送付されますので、住所以外の場合は所在地を明確に書いてください。
3　請求に当たっては、外出自粛要請又は隔離・停留の措置（特例法第2条第1号の外出自粛要請又は同条第2号の隔離・停留の措置）に係る書面（次のいずれかの書面）を提示（同封）してください。（当該書面は、投票用紙等と併せて返送します。）
　ア　感染症の予防及び感染症の患者に対する医療に関する法律による外出自粛要請に係る書面（同法施行規則第23条の4第1項）
　イ　検疫法による外出自粛要請（同法第14条第3項）に係る書面（同法施行規則第4条の3）
　ウ　検疫法による隔離・停留の措置（同法第14条第1項第1号又は第2号）により宿泊施設内に収容されている者であることを検疫所長が証する書面
　エ　感染症の予防及び感染症の患者に対する医療に関する法律による就業制限の通知に係る書面（同法第18条第1項）
4　特別の事情により備考3の書面の提示（同封）をすることができない場合は、表中3（1）③にチェックを入れ、理由その他必要事項を書いてください。
5　在外選挙人名簿に登録されている選挙人の場合は在外選挙人証、選挙人名簿登録証明書の交付を受けている船員の場合は選挙人名簿登録証明書、南極選挙人証の交付を受けている選挙人の場合は南極選挙人証をそれぞれ提示（同封）し、表中3（2）の該当する欄にチェックを入れてください。
6　都道府県の議会の議員又は長の選挙において、住所の移転後も引き続き当該都道府県の区域内に住所を有することの確認を申請する場合（特例法施行令第1条第2項第1項）には、表中4にチェックを入れてください。
7　この請求書の提出は、代理の方により行うことができます。

（別添２）

宛名表示の使用方法

① 「切り取り線」に沿って切り取り、手持ちの定形サイズの封筒にのり付け等します。

② 封筒に請求書と外出自粛要請等に係る書面を入れて封をし、「請求書在中」に○を付けます。（切手不要）

③ 速達とするため、封筒の右上に朱線を引きます。

④ 透明のファスナー付きのケース等に入れ、密封します。

⑤ ④の表面を、アルコール消毒液を吹きかけて拭きとる等により消毒します。

⑥ 同居人、知人等（患者ではない方）に郵便ポストへの投かんを依頼します。

（郵便局の窓口にお持ちいただくことはご遠慮ください）

イメージ

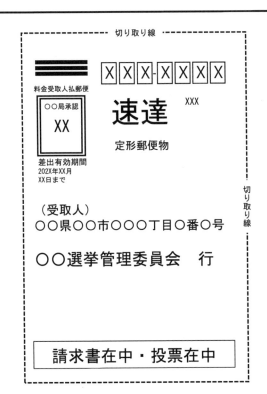

料金受取人払の表示（記載例）

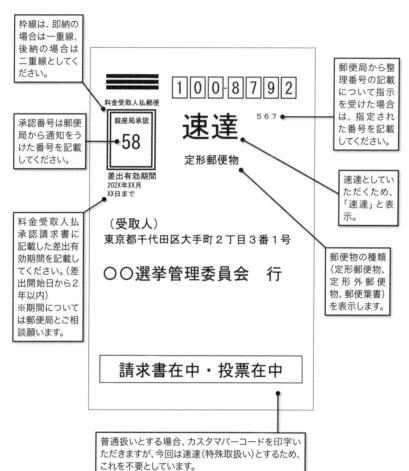

枠線は、即納の場合は一重線、後納の場合は二重線としてください。

料金受取人払郵便

承認番号は郵便局から通知をうけた番号を記載してください。

銀座局承認

58

差出有効期間
202X年XX月
XX日まで

料金受取人払承認請求書に記載した差出有効期間を記載してください。（差出開始日から2年以内）
※期間については郵便局とご相談願います。

100-8792

速達

定形郵便物

567

郵便局から整理番号の記載について指示を受けた場合は、指定された番号を記載してください。

速達としていただくため、「速達」と表示。

郵便物の種類（定形郵便物、定形外郵便物、郵便葉書）を表示します。

（受取人）
東京都千代田区大手町２丁目３番１号

〇〇選挙管理委員会　行

請求書在中・投票在中

普通扱いとする場合、カスタマバーコードを印字いただきますが、今回は速達（特殊取扱い）とするため、これを不要としています。

（別添３）　　　　　　　　　　　　　　　　　　　　記入例（イメージ）

早急な承認申請処理を実施させていただく観点から、お支払い方法として後納を選択いただく場合は、既に承認を受けた後納をご利用願います。

料金受取人払承認請求書

提出日を記入

〇〇〇〇年〇〇月〇〇日

○　○　郵　便　局　長　殿

貴選挙管理委員会の配達を担当する郵便局

　　　　　　　　　　　　　住所又は居所　　**市区町村の住所**

　　　　　　　　　　請求者

　　　　　　　　　　氏　名　　**市区町村の担当部署名**　

公印
※職員の私印は不可

料金受取人払の承認を受けたいので、見本を添えて、請求します。

1　封筒、郵便葉書又は用紙の枚数　**封筒の配布見込み数　xxxx枚**

枚数は100枚以上で記入して下さい。

2　差出有効期間　**xxxx年xx月xx日〜xxxx年xx月xx日**

3　料金等の支払方法　　※差出有効期間は、２年以内の期間で記入。

（1）郵便物等配達の際、郵便切手又は現金で支払

（2）郵便物等配達の際、料金計器別納

（3）後納　　可能な限り、後納をご利用願います。

　ア　口座振替払（請求者指定の金融機関預貯金口座からの振替払）

　イ　銀行振込（日本郵便株式会社の指定預金口座への送金による支払）（※送金手数料は請求者負担）

　ウ　ゆうちょ銀行窓口払

予定枚数に84円※を掛けた数を記入。

4　料金受取人払に係る料金等の概算額（　　　円）

5　料金受取人払の取扱いをする郵便物等の種類　**第一種郵便物**

速達をご利用願います。

6　料金受取人払の郵便物等を特殊取扱等とする場合のその種類　**速達**

7　料金受取人払制度利用の目的　○○**選挙に関する特例郵便等投票（特定患者等選挙人からの送付）のため**

配布方法を記入願います。

8　封筒、郵便葉書又は用紙の配布方法　○○

9　郵便私書箱の使用場所（※私書箱を利用する場合は、私書箱が設置されている郵便局名を記入）

10　連絡先

（1）連絡部署　**市区町村の担当部署名**

（2）担当者名　**担当者の氏名**

（3）電話番号　**担当部署の電話番号**

※84円＋290円（速達料金）＋5円（郵便局の手数料）＝379円が正しい

備 考

1 　請求者欄には、署名し、又は記名押印していただきます。

2 　料金等の支払方法欄には、希望の番号等に○印を付けていただきます。

3 　料金受取人払に係る料金等の概算額欄には、料金受取人払の承認に係る数量のもの全部が料金受取
　　人払とする郵便物等として差し出されたものとしたときの郵便物等の料金等及び特殊取扱等の料金並
　　びに手数料の合計額を記入していただきます。

4 　郵便私書箱の使用場所欄には、受け取るべき郵便物等のあて名に郵便私書箱番号を肩書する場合に
　　その郵便私書箱が設置されている事業所名を記入していただきます。

5 　ご利用に当たっては、当社が定める担保を提供していただくことがあります。

6 　この用紙は、日本工業規格Ａ４とします。

7 　請求の際は、その請求に係る封筒、郵便葉書又は受取人においてあらかじめ印刷した見本で、内国
　　郵便約款別記７に規定する例にならって作成したもの（承認番号の表示を除きます。）を併せて提出し
　　ていただきます。

職員証などの提示が必要

8 　料金等の支払方法を後納とする場合は、この請求書に、本人等確認書類を添えていただきます。

9 　支払うべき料金等（延滞利息を除きます。）について支払期限日を経過してもなお支払がない場合に
　　は、支払期限日の翌日から支払の日の前日までの日数について、年14.5パーセントの割合（閏年の日
　　を含む期間についても、365日当たりの割合とします。）で計算して得た額を延滞利息として支払って
　　いただきます。

（別添 4 ）

感染防止協力依頼書

　感染症の予防及び感染症の患者に対する医療に関する法律第44条の 3 第 2 項
の規定により、新型コロナウイルス感染症のまん延を防止するため、宿泊施設、
居宅又はこれに相当する場所から外出しないことについて協力を求めます。

（〇〇都道府県知事／〇〇市区町村長／〇〇保健所長）

（〇〇保健所※）

※要請者名が保健所長ではない場合に記載

氏　　　名	
住　　　所	
協力を求める期間	年　　　月　　　日 　　　　　　から 「感染症の予防及び感染症の患者に対する医療に関する法律における新型コロナウイルス感染症患者の退院及び就業制限の取扱いについて」（令和 2 年 2 月 6 日健感発0206第 1 号厚生労働省健康局結核感染症課長通知。令和 3 年 2 月25日最終改正）に定める期間が経過するまで

入国される皆さまへのご協力のお願い

「健康カード」
2021/6/11

入国した次の日から数えて「14日間」※は、
以下の事項を守っていただくようお願いします。
（感染拡大防止のために検疫法に基づきお願いするものです。）
また、裏面にある質問（1）〜（2）へのご回答もお願いします。

※入国日の次の日を「**1日目**」として計算します

1. 14日間、宿泊場所又は自宅で待機し、他者との接触を行わないでください。
   ※検疫法第14条第1項第3号、第16条の2第1項に基づく要請です。
2. 14日間、公共交通機関を使用しないでください。
   （不特定多数が利用する電車、バス、タクシー、国内線の飛行機など）
3. 14日間毎日、メールにより送られてくるURLから健康フォローアップのための
   WEBサイトにアクセスし、「入国者健康確認センター」等に健康状態の報告をし
   てください。
   （やむを得ずメール等による報告ができない場合でも、入国者健康確認センター等による健康状態
   のフォローアップに、毎日応じてください。入国者健康確認センター等から連絡がいくこともあり
   ます。）
4. 入国時に、携行するスマートフォンに厚生労働省が指定する接触確認アプリをイ
   ンストールし、また、14日間、同アプリの機能を利用してください。
5. 入国時に、携行するスマートフォンの地図アプリ機能等を利用した位置情報の保
   存機能を開始し、14日間、位置情報を保存してください。
6. 厚生労働省が指定する位置情報確認アプリをインストールし、アプリから通知が
   届いたら位置情報の送信を行ってください。
7. 厚生労働省が指定するビデオ通話アプリをインストールし、入国者健康確認セン
   ターから当該アプリを通じ連絡が来た場合には応答してください。
8. 入国後14日以内に有症状となった場合、速やかに「受診・相談センター」に電
   話連絡し、滞在していた地域を伝え、指定された医療機関を受診してください。
9. 入国後に陽性となり、その発症日が入国後14日以内であると判断された場合、
   旅券番号やスマートフォン等に保存した入国後の位置情報を速やかに保健所等に
   提示するなど、感染症法第15条に基づく保健所等の積極的疫学調査に協力してく
   ださい。
10. 上記事項に関連して、保健所等から指示や求めがあった場合には、応じてくださ
    い。
11. 感染を広げないために、下記の感染拡大防止対策を行ってください。
    ・マスクを着用し、他者に感染させないようご注意ください。
    ・手指消毒を徹底し、「手洗い」をこまめに行ってください。
    ・「3密（密閉・密集・密接）」を避けるようにしてください。

※本要請により新型コロナウイルス感染症で宿泊場所又は自宅で待機をしている選挙人で、請求時に要請期間が選挙
期間にかかると見込まれる方は、令和3年6月23日以後にその期日を公示又は告示される選挙から「特例郵便等投票」
ができます。詳細は総務省や選挙人名簿登録地の市区町村の選挙管理委員会HP等でご確認ください。

●14日以降、皆さまが日常生活を送る上での注意点についてはこちらをご参考ください。（多言語対応）

★厚生労働省ウェブサイト
日常生活で気をつけることや、
帰国後、せきや発熱などの症
状があった場合の相談窓口「受
診・相談センター」を紹介して
います。

★内閣官房ウェブサイト
感染リスクが高まる「5つの場
面」について紹介しています。

新型コロナウイルス感染症に関することでご不明な点がある方は、相談窓口までご連絡ください。

▶ 厚生労働省電話相談窓口：0120−565653 （通話無料、9：00〜21：00）

 厚生労働省・検疫所

□R　　□B　　□ Ship　　□ Diplomat　　□ SOFA　　□（　　　　　　）　□レベル2　□レベル3

（1）以下の①～⑤に該当するものがある。　　はい（Yes）　いいえ（No）

　　　※「はい」を選んだ方は、該当する番号をすべて「○」で囲んでください。

　　①　過去14日以内で、発熱や咳などの症状がある人との接触があった。

　　②　過去14日以内に感染した患者と接触した。

　　③　過去14日以内で、発熱や咳などの症状があった。

　　④　現在、体調に異状がある。

　　　　　異状がある場合の症状：　　・発熱　　・咳　　・倦怠感　　・その他（　　）

　　⑤　解熱剤・かぜ薬・痛み止めなどを使用している。

（2）過去14日間に以下の地域に滞在していた。　　はい（Yes）　いいえ（No）

　　　※「はい」を選んだ方は、その滞在地域をすべて「○」で囲んでください

特に流行している地域(注)	
アジア	インドネシア、フィリピン、マレーシア、モルディブ、インド、パキスタン、バングラデシュ、ネパール、ブータン、ミャンマー、カンボジア、スリランカ、タイ、東ティモール、モンゴル
ヨーロッパ	サンマリノ、アイスランド、アンドラ、イタリア、エストニア、オーストリア、オランダ、スイス、スペイン、スロベニア、デンマーク、ドイツ、ノルウェー、バチカン、フランス、ベルギー、マルタ、モナコ、リヒテンシュタイン、ルクセンブルク、アイルランド、スウェーデン、ポルトガル、ギリシャ、スロバキア、チェコ、ハンガリー、フィンランド、ベラルーシ、ボスニア・ヘルツェゴビナ、ポーランド、ラトビア、リトアニア、英国、キプロス、クロアチア、コソボ、ブルガリア、ルーマニア、アルバニア、アルメニア、モルドバ、モンテネグロ、北マケドニア、セルビア、ウクライナ、ロシア、アゼルバイジャン、カザフスタン、タジキスタン、キルギス、ジョージア、ウズベキスタン
中東	アラブ首長国連邦、イラン、イスラエル、オマーン、カタール、クウェート、サウジアラビア、トルコ、バーレーン、アフガニスタン、イラク、レバノン、パレスチナ、ヨルダン
アフリカ	エジプト、コードジボワール、コンゴ民主共和国、ジブチ、モーリシャス、モロッコ、カーボベルデ、ガボン、ギニアビサウ、サントメ・プリンシペ、赤道ギニア、ガーナ、ギニア、南アフリカ、アルジェリア、エスワティニ、カメルーン、セネガル、中央アフリカ、モーリタニア、ケニア、コモロ、コンゴ共和国、シエラレオネ、スーダン、ソマリア、ナミビア、ボツワナ、マダガスカル、リビア、リベリア、ガンビア、ザンビア、ジンバブエ、マラウイ、エチオピア、ナイジェリア、ルワンダ、南スーダン、チュニジア、レソト、セーシェル
北米	アメリカ合衆国、カナダ
中南米	アンティグア・バーブーダ、エクアドル、セントクリストファー・ネービス、チリ、ドミニカ国、ドミニカ共和国、バルバドス、パナマ、ブラジル、ペルー、ボリビア、バハマ、メキシコ、ウルグアイ、ホンジュラス、コロンビア、エルサルバドル、アルゼンチン、ガイアナ、キューバ、グアテマラ、グレナダ、セントビンセント及びグレナディーン諸島、コスタリカ、ジャマイカ、ハイチ、ニカラグア、スリナム、パラグアイ、ベネズエラ、ベリーズ、トリニダード・トバゴ、セントルシア
大洋州	なし

　　　　　　　　　　　　　　　　　　注）出入国管理及び難民認定法における入国制限対象地域

なお、本書面は、特定患者等の郵便等を用いて行う投票方法の特例に関する法律に基づく特例郵便等投票の請求の際提示する書面となります。また、待機期間の証明書としても使用可能です。

入国日　令和　　年　　月　　日	
住　所	氏　名

（別添6）

外 出 自 粛 （ 入 所 ） 要 請 書

住　　　所

氏　　　名

　検疫法第14条第1項第3号、第16条の2第1項の要請に基づき、令和　　年　　月　　　日から「感染症の予防及び感染症の患者に対する医療に関する法律における新型コロナウイルス感染症患者の退院及び就業制限の取扱いについて」（令和2年2月6日健感発0206第1号厚生労働省健康局結核感染症課長通知。令和3年2月25日最終改正）に定める期間が経過するまで、宿泊施設への入所を要請します。

〇〇検疫所長

（別添 7）

隔 離 決 定 書

交付年月日：令和　　年　　月　　日

＿＿＿＿＿＿＿＿＿＿＿殿

　小職は、貴殿に対し、検疫法（昭和二十六年法律第二百一号）第十四条第一項第一号及び第十五条並びに検疫法施行令（昭和二十六年政令第三百七十七号）第一条の三の規定に基づき、<u>新型コロナウイルス感染症</u>の病原体を保有していないことが確認されるまで、下記のとおり隔離します。

記

1　隔離を行う場所　　名　　称：＿＿＿＿＿＿＿＿＿＿＿

　　　　　　　　　　所在地：＿＿＿＿＿＿＿＿＿＿＿

2　隔離する理由

3　その他

＿＿＿＿＿＿{ 検疫所長
　　　　　　検疫所支所長 }　　　　氏名印＿＿＿＿＿＿＿＿＿
　　　　　　検疫所出張所長

※　隔離の処分を受け、その処分の継続中に逃げた者は、検疫法第35条第2号の規定により一年以下の懲役又は100万円以下の罰金に処される場合があります。検疫所長又は検疫官が行う措置を拒み、妨げ、又は忌避した者は、検疫法第36条第5号の規定により、6月以下の懲役又は50万円以下の罰金に処される場合があります。

（別添8）

停 留 決 定 書

交付年月日：令和　　年　　月　　日

＿＿＿＿＿＿＿＿＿＿殿

　小職は、貴殿に対し、検疫法（昭和二十六年法律第二百一号）第十四条第一項第二号及び第十六条並びに検疫法施行令（昭和二十六年政令第三百七十七号）第一条の三の規定に基づき、令和　　年　　月　　時　　分から令和　　年　月　日　時　分まで、下記のとおり停留します。

記

1　停留を行う場所　　名　称：＿＿＿＿＿＿＿＿＿＿

　　　　　　　　　　所在地：＿＿＿＿＿＿＿＿＿＿

2　停留する理由

3　その他

＿＿＿＿＿＿＿｛検疫所長／検疫所支所長／検疫所出張所長｝　　　　氏名印＿＿＿＿＿＿＿

※　停留の処分を受け、その処分の継続中に逃げた者は、検疫法第35条第2号の規定により、一年以下の懲役又は100万円以下の罰金に処される場合があります。検疫所長又は検疫官が行う停留の措置を拒み、妨げ、又は忌避した者は、検疫法第36条第5号の規定により、6月以下の懲役又は50万円以下の罰金に処される場合があります。

（別添 9 ）

健感発0225第 1 号

令和 3 年 2 月25日

各 ⎧都　道　府　県⎫
　⎨保健所設置市⎬ 衛生主管部（局）長　殿
　⎩特　　別　　区⎭

厚生労働省健康局結核感染症課長

（　公　印　省　略　）

感染症の予防及び感染症の患者に対する医療に関する法律における新型コロナ
ウイルス感染症患者の退院及び就業制限の取扱いについて（一部改正）

　感染症の予防及び感染症の患者に対する医療に関する法律（平成10年法律第114号）における新型コロナウイルス感染症の患者及び無症状病原体保有者の退院及び就業制限の取扱いについては、「感染症の予防及び感染症の患者に対する医療に関する法律における新型コロナウイルス感染症患者の退院及び就業制限の取扱いについて（一部改正）」（令和 3 年 2 月10日付け健感発0210第 3 号厚生労働省健康局結核感染症課長通知）においてお示ししているところです。

　今般、本年 2 月18日の第24回新型コロナウイルス感染症対策アドバイザリーボードにおける議論等[1]を踏まえ、当該通知を別添のとおり一部改正することとしました。本通知による改正後の取扱いについては、本日から適用することとしますので、内容について御了知いただくとともに、貴管内市町村、関係機関等へ周知いただき、その取扱いに遺漏のないようご対応をお願いいたします。

　また、「医療機関における「新型コロナウイルスの陰性が確認され退院される患者の方々へ」の配布について」（令和 2 年 3 月 6 日付け厚生労働省新型コロナウイルス感染症対策推進本部事務連絡）は廃止します。

---

[1] ○第24回新型コロナウイルス感染症対策アドバイザリーボード（令和 3 年 2 月18日）資料 5 - 2
https://www.mhlw.go.jp/stf/seisakunitsuite/bunya/0000121431_00216.html
○発症からの感染可能期間と再陽性症例における感染性・二次感染リスクに関するエビデンスのまとめ（令和 3 年 2 月18日国立感染症研究所感染症疫学センター）
https://www.niid.go.jp/niid/ja/diseases/ka/corona-virus/2019-ncov/2484-idsc/10174-covid19-37.html

新 旧 対 照 表

（傍線部分は改正部分）

「感染症の予防及び感染症の患者に対する医療に関する法律における新型コロナウイルス感染症患者の退院及び就業制限の取扱いについて（一部改正）」（令和2年2月6日健感発0206第1号厚生労働省健康局結核感染症課長通知）

新	旧
第1　退院に関する基準 　新型コロナウイルス感染症の患者について、感染症の予防及び感染症の患者に対する医療に関する法律（平成10年法律第114号。以下「法」という。）第26条第2項において準用する法第22条の「病原体を保有していないこと」とは、原則として次の①又は③に該当する場合とする。ただし、次の②又は④に該当する場合も差し支えないこととする。 （1）人工呼吸器等による治療を行わなかった場合 ①　発症日から10日間経過し、かつ、症状軽快後72時間経過した場合 ②　発症日から10日間経過以前に症状軽快した場合に、症状軽快後24時間経過した後に核酸増幅法又は抗原定量検査（以下「核酸増幅法等」という。）の検査を行い、陰性が確認され、その検査の検体を採取した24時間以後に再度検体採取を行い、陰性が確認された場合 （2）人工呼吸器等による治療を行った場合 ③　発症日から15日間経過し、かつ、症状軽快後72時間経過した場合 ④　発症日から20日間経過以前に症状軽快した場合に、症状軽快後24時間経過した後に核酸増幅法等の検査を行い、陰性が確認され、その検査の検体を採取した24時間以後に再度検体採取を行い、陰性が確認された場合 ※　ただし、③の場合は、発症日から20日間経過するまでは退院後も適切な感染予防策を講じるものとする。	第1　退院に関する基準 　新型コロナウイルス感染症の患者について、感染症の予防及び感染症の患者に対する医療に関する法律（平成10年法律第114号。以下「法」という。）第26条第2項において準用する法第22条の「病原体を保有していないこと」とは、原則として次の①に該当する場合とする。ただし、次の②に該当する場合も差し支えないこととする。 ①　発症日から10日間経過し、かつ、症状軽快後72時間経過した場合 ②　発症日から10日間経過以前に症状軽快した場合に、症状軽快後24時間経過した後に核酸増幅法又は抗原定量検査（以下「核酸増幅法等」という。）の検査を行い、陰性が確認され、その検査の検体を採取した24時間以後に再度検体採取を行い、陰性が確認された場合

また、新型コロナウイルス感染症の無症状病原体保有者については、原則として次の⑤に該当する場合に、退院の基準を満たすものとする。ただし、次の⑥に該当する場合も退院の基準を満たすものとして差し支えないこととする。

⑤　発症日から10日間経過した場合

⑥　発症日から6日間経過した後に核酸増幅法等の検査を行い、陰性が確認され、その検査の検体を採取した24時間以後に再度検体採取を行い、陰性が確認された場合

発症日とは、患者が症状を呈し始めた日とし、無症状病原体保有者又は発症日が明らかでない場合については、陽性確定に係る検体採取日とする。症状軽快とは、解熱剤を使用せずに解熱し、かつ、呼吸器症状が改善傾向にあることとする。また、人工呼吸器等による治療とは、人工呼吸器管理又は体外式心肺補助（ECMO）管理による治療とする。

上記の核酸増幅法等の検査の際に陽性が確認された場合は、24時間後に核酸増幅法等の検査を行い、陰性が確認され、その検査の検体を採取した24時間以後に再度検体採取を行い、陰性が確認されるまで、核酸増幅法等の検査を繰り返すものとする。（①、③又は⑤に該当した場合を除く）

なお、患者が再度症状を呈した場合や無症状病原体保有者が新たに症状を呈した場合は、症状軽快後に上記の場合に該当するまで退院の基準を満たさないものとする。

第2　就業制限に関する基準
　　（略）

また、新型コロナウイルス感染症の無症状病原体保有者については、原則として次の③に該当する場合に、退院の基準を満たすものとする。ただし、次の④に該当する場合も退院の基準を満たすものとして差し支えないこととする。

③　発症日から10日間経過した場合

④　発症日から6日間経過した後に核酸増幅法等の検査を行い、陰性が確認され、その検査の検体を採取した24時間以後に再度検体採取を行い、陰性が確認された場合

発症日とは、患者が症状を呈し始めた日とし、無症状病原体保有者又は発症日が明らかでない場合については、陽性確定に係る検体採取日とする。症状軽快とは、解熱剤を使用せずに解熱し、かつ、呼吸器症状が改善傾向にあることとする。

上記の核酸増幅法等の検査の際に陽性が確認された場合は、24時間後に核酸増幅法等の検査を行い、陰性が確認され、その検査の検体を採取した24時間以後に再度検体採取を行い、陰性が確認されるまで、核酸増幅法等の検査を繰り返すものとする。（①又は③に該当した場合を除く）

なお、患者が再度症状を呈した場合や無症状病原体保有者が新たに症状を呈した場合は、症状軽快後に上記の場合に該当するまで退院の基準を満たさないものとする。

第2　就業制限に関する基準
　　（略）

（改正後全文）

感染症の予防及び感染症の患者に対する医療に関する法律における新型コロナウイルス
感染症患者の退院及び就業制限の取扱いについて

第1　退院に関する基準

　　新型コロナウイルス感染症の患者について、感染症の予防及び感染症の患者に対する医療に関する法律（平成10年法律第114号。以下「法」という。）第26条第2項において準用する法第22条の「病原体を保有していないこと」とは、原則として次の①又は③に該当する場合とする。ただし、次の②又は④に該当する場合も差し支えないこととする。

（1）人工呼吸器等による治療を行わなかった場合
　①　発症日から10日間経過し、かつ、症状軽快後72時間経過した場合
　②　発症日から10日間経過以前に症状軽快した場合に、症状軽快後24時間経過した後に核酸増幅法又は抗原定量検査（以下「核酸増幅法等」という。）の検査を行い、陰性が確認され、その検査の検体を採取した24時間以後に再度検体採取を行い、陰性が確認された場合

（2）人工呼吸器等による治療を行った場合
　③　発症日から15日間経過し、かつ、症状軽快後72時間経過した場合
　④　発症日から20日間経過以前に症状軽快した場合に、症状軽快後24時間経過した後に核酸増幅法等の検査を行い、陰性が確認され、その検査の検体を採取した24時間以後に再度検体採取を行い、陰性が確認された場合
　※　ただし、③の場合は、発症日から20日間経過するまでは退院後も適切な感染予防策を講じるものとする。

　　また、新型コロナウイルス感染症の無症状病原体保有者については、原則として次の⑤に該当する場合に、退院の基準を満たすものとする。ただし、次の⑥に該当する場合も退院の基準を満たすものとして差し支えないこととする。
　⑤　発症日から10日間経過した場合
　⑥　発症日から6日間経過した後に核酸増幅法等の検査を行い、陰性が確認され、その検査の検体を採取した24時間以後に再度検体採取を行い、陰性が確認された場合

　　発症日とは、患者が症状を呈し始めた日とし、無症状病原体保有者又は発症日が明らかでない場合については、陽性確定に係る検体採取日とする。症状軽快とは、解熱剤を使用せずに解熱し、かつ、呼吸器症状が改善傾向にあることとする。また、人工呼吸器等による治療とは、人工呼吸器管理又は体外式心肺補助（ECMO）管理による治療とする。

　　上記の核酸増幅法等の検査の際に陽性が確認された場合は、24時間後に核酸増幅法等の検査を行い、陰性が確認され、その検査の検体を採取した24時間以後に再度検体採取を行い、陰性が確認されるまで、核酸増幅法等の検査を繰り返すものとする。（①、③又は⑤に該当した場合を除く）

　　なお、患者が再度症状を呈した場合や無症状病原体保有者が新たに症状を呈した場合は、症状軽快後に上記の場合に該当するまで退院の基準を満たさないものとする。

第2　就業制限に関する基準

　　法第18条の「まん延を防止するため必要があると認めるとき」とは、新型コロナウイルス感染症患者又は無症状病原体保有者が就業しようとする場合とする。

　　なお、第1の退院に関する基準を満たす場合は、同条の規定の対象者ではなくなるものとする。

（別添10）

総務省・厚生労働省

新型コロナウイルス感染症で宿泊・自宅療養等されている方へ

特例郵便等投票ができます

新型コロナウイルス感染症で宿泊・自宅療養等をしている方で、一定の要件に該当する方は、令和 3 年 6 月 2 3 日以後にその期日を公示又は告示される選挙から「特例郵便等投票」ができます。

1　特例郵便等投票の対象となる方

◆以下に示す「特定患者等」に該当する選挙人で、投票用紙等の請求時において、外出自粛要請又は隔離・停留の措置に係る期間が投票をしようとする選挙の期日の公示又は告示の日の翌日から当該選挙の当日までの期間にかかると見込まれる方は、特例郵便等投票ができます。

「特定患者等」とは、
① 感染症の予防及び感染症の患者に対する医療に関する法律第 44 条の 3 第 2 項又は検疫法第 14 条第 1 項第 3 号の規定による外出自粛要請を受けた方
② 検疫法第 14 条第 1 項第 1 号又は第 2 号に掲げる措置（隔離・停留の措置）により宿泊施設内に収容されている方
※ 在外選挙人名簿に登録されている方が、上記①又は②に該当することとなった場合も対象となります（衆議院議員又は参議院議員の選挙における投票に限ります。）。

2　手続の概要

◆特例郵便等投票の対象となる方で、特例郵便等投票をご希望される方は、投票しようとする選挙の選挙期日（投票日当日）の 4 日前までに（必着）、選挙人名簿又は在外選挙人名簿登録地の市区町村の選挙管理委員会に「1 ①の外出自粛要請、又は 1 ②の隔離・停留の措置に係る書面（以下「外出自粛要請等の書面」といいます。）」を添付した「請求書（本人の署名が必要です。）」を郵便等で送付することにより、投票用紙等を請求していただくことが必要です。
※ 請求書の様式は、各市区町村の選挙管理委員会のウェブサイト等に掲載されています。各市区町村の選挙管理委員会から、電話等により取り寄せることも可能です。
※ 在外選挙人証、選挙人名簿登録証明書又は南極選挙人証の交付を受けている方が投票用紙等の請求をする場合には、それらも請求書に添付していただく必要があります。

◆「外出自粛要請等の書面」が交付されていない等、「外出自粛要請等の書面」を添付できない特別の事情がある場合は、その旨を理由を付して「請求書」にご記載いただければ、当該書面の添付がなくても投票用紙等を請求することが可能です（請求を受けた市区町村の選挙管理委員会が保健所や検疫所から情報提供を受けて、特例郵便等投票の対象者であることを確認できることが条件となります。）。

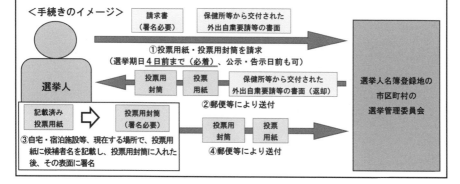

3 注意事項

◆感染拡大防止の観点から、特例郵便等投票の手続を行う際には、別添「投票用紙等の請求手続について」及び「投票の手続について」に記載されている対策を実施してください。

◆特定患者等の方は外出自粛要請等がなされておりますので、郵便ポストに「請求書」や「投票用紙等」を投かんする際には、同居人、知人等（患者ではない方）にご依頼ください。
　※　濃厚接触者の方がポストに投かんすることは可能です。ただし、せっけんでの手洗いやアルコール消毒をし、マスクを着用して、他者との接触を避けるようにしてください。

◆投票用紙等を請求された後に、宿泊・自宅療養等期間が経過したため特例郵便等投票ではなく投票所で投票したいという方は、郵便等で送付された投票用紙等一式を投票所に持参し返却していただく必要があります。

◆ご不明な点は、各市区町村の選挙管理委員会にお問い合わせください。

4 罰則

◆特例郵便等投票の手続においては、公正確保のため、他人の投票に対する干渉や、なりすまし等詐偽の方法による投票について、公職選挙法上の罰則（投票干渉罪（１年以下の禁錮又は３０万円以下の罰金）、詐偽投票罪（２年以下の禁錮又は３０万円以下の罰金））が設けられています。

「濃厚接触者の方の投票について」

◆新型コロナウイルス感染症患者のご家族等の方は、濃厚接触者に当たる可能性があります。

◆濃厚接触者の方は、特例郵便等投票の対象ではありません。
投票のために外出することは「不要不急の外出」には当たらず、投票所等において投票していただいて差し支えありません。

◆ただし、せっけんでの手洗いやアルコール消毒をし、マスクを着用いただくといった必要な感染拡大防止対策等にご協力をお願いします。ご不明な点等がある場合は、お住まいの地域を所管する保健所又は各市区町村の選挙管理委員会にお問い合わせください。

★総務省
特例郵便等投票制度
周知ホームページ

総務省・厚生労働省

新型コロナウイルス感染症で宿泊・自宅療養等されている方へ

投票用紙等の請求手続について

特例郵便等投票をする方は、以下の方法により投票用紙及び投票用封筒を選挙管理委員会に請求いただく必要があります。

①特例郵便等投票の投票用紙等の請求を、請求書により行ってください。また、請求書を郵送する際は、料金受取人払の宛名表示がされた封筒により郵送をお願いします。

※ 請求書及び料金受取人払の宛名表示の様式は、各市区町村の選挙管理委員会のウェブサイト等に掲載されています。ダウンロード及び印刷をしていただき、料金受取人払の宛名表示については、私製の封筒に貼り付けてください。各市区町村の選挙管理委員会に、電話等により請求書等を請求いただくことも可能です。

一連の作業をされる前に、必ずせっけんでの手洗いやアルコール消毒をしてください。
また、出来る限りマスクをつけ、清潔な使い捨てのビニール手袋を着けるようにしてください。

②請求書に記入し、外出自粛要請等の書面とともに料金受取人払の宛名表示がされた封筒に封入し、当該封筒の表面の「請求書在中」に〇を付けてください。

 特例郵便等投票請求書 ＋ 外出自粛要請等の書面 → ○○選管 行 請求書在中・投票在中

※在外選挙人証、選挙人名簿登録証明書、南極選挙人証の交付を受けている方は、それらも同封してください。

③請求書等を入れた封筒を、書いた宛名がわかるようにファスナー付きの透明のケース等に封入し、表面をアルコール消毒液を吹きかけて拭きとる等により消毒してください。その上で、同居人、知人等（患者ではない方）に投かんを依頼してください。

※ 日本郵便株式会社からファスナー付きの透明のケース等に入れていただくよう依頼を受けているため、ご協力をお願いします。ファスナー付きの透明のケース等の入手が困難な場合は、自宅にある透明のケース、袋等に入れ、テープ等で密封し、表面を消毒してください。同居人等へ封筒を渡す際は、ドアの前に置くなど接触しないようにしてください（忘れず速やかに投かんしてください）。同居人等は、必ず作業前後にせっけんでの手洗いやアルコール消毒をするとともに、マスク着用（出来る限り清潔な使い捨てのビニール手袋の着用）をお願いします。

※ 濃厚接触者の方がポストに投かんすることは可能です。ただし、せっけんでの手洗いやアルコール消毒をし、マスクを着用して、他者との接触を避けるようにしてください。

○○選管 行　請求書在中・投票在中　→　○○選管 行　請求書在中・投票在中　→

※ 法律上、特定患者等選挙人の方は、特例郵便等投票を行うに当たっては、新型コロナウイルス感染症の感染の拡大防止に努めなければならないこととされています（特定患者等の郵便等を用いて行う投票方法の特例に関する法律第5条）。

新型コロナウイルス感染症で宿泊・自宅療養等されている方へ

投票の手続について

特例郵便等投票をするために投票用紙及び投票用封筒の交付を受けた方は、以下の
方法により投票用紙等を返送いただく必要があります。

①投票用紙等の交付を受けた方は、自ら投票用紙に候補者名（※）を記載してください。
　※ 衆議院比例代表選出議員の選挙にあっては一の衆議院名簿届出政党等の名称又は略称、参議院比例代表選出議
　　員の選挙にあっては参議院名簿登載者一人の氏名又は一の参議院名簿届出政党等の名称若しくは略称。
　一連の作業をされる前に、必ずせっけんでの手洗いやアルコール消毒をしてください。
　また、出来る限りマスクをつけ、清潔な使い捨てのビニール手袋を着けるようにしてください。

②記載済みの投票用紙を内封筒に封入し、更に外封筒に封入してください。外封筒の表面に投票の
　記載の年月日及び場所を記載し、氏名欄に自ら署名してください。

③外封筒を、更に市区町村の選挙管理委員会から交付された返信用封筒に封入し、当該封筒の表面
　の「投票在中」に〇を付けてください。

④返信用封筒を、更に市区町村の選挙管理委員会から交付されたファスナー付きの透明のケース等
　に封入し、表面をアルコール消毒液を吹きかけて拭きとる等により消毒してください。その上で、
　同居人、知人等（患者ではない方）に投かんを依頼してください。
　※ 日本郵便株式会社からファスナー付きの透明のケース等に入れていただくよう依頼を受けているため、ご協力を
　　お願いします。同居人等へ封筒を渡す際は、ドアの前に置くなど接触しないようにしてください（忘れず速やか
　　に投かんしてください。）。同居人等は、必ず作業前後にせっけんでの手洗いやアルコール消毒をするとともに、
　　マスク着用（出来る限り清潔な使い捨てのビニール手袋の着用）をお願いします。
　※ 濃厚接触者の方がポストに投かんすることは可能です。ただし、せっけんでの手洗いやアルコール消毒をし、マ
　　スクを着用して、他者との接触を避けるようにしてください。

※ 法律上、特定患者等選挙人の方は、特例郵便等投票を行うに当たっては、新型コロナウ
　イルス感染症の感染の拡大防止に努めなければならないこととされています（特定患
　者等の郵便等を用いて行う投票方法の特例に関する法律第5条）。

総 行 選 第 37 号
令和 3 年 6 月 18 日

各都道府県選挙管理委員会事務局長 ⎱
　　　　　　　　　　　　　　　　　　殿
各指定都市選挙管理委員会事務局長 ⎰

総務省自治行政局選挙部選挙課長

　　　特定患者等の郵便等を用いて行う投票方法の特例に関する法律等に係る
　　　留意事項について（通知）

　特定患者等の郵便等を用いて行う投票方法の特例に関する法律（令和 3 年法律第
82号）、特定患者等の郵便等を用いて行う投票方法の特例に関する法律施行令（令和
3 年政令第175号）及び特定患者等の郵便等を用いて行う投票方法の特例に関する法
律施行規則（令和 3 年総務省令第61号）については、「特定患者等の郵便等を用いて
行う投票方法の特例に関する法律等の施行について（通知）」（令和 3 年 6 月18日付
け総行選第35号）及び「特定患者等の特例郵便等投票及び濃厚接触者の投票につい
て（通知）」（令和 3 年 6 月18日付け総行管第175号、総情郵第99号、健発0618第 7
号）により通知した事項のほか、下記に留意していただくようお願いします。
　また、各都道府県選挙管理委員会事務局長におかれましては、貴都道府県内の指定
都市を除く市区町村の選挙管理委員会事務局長に対しても、周知願います。
　なお、本件通知は地方自治法（昭和22年法律第67号）第245条の 4 第 1 項の規定
に基づく技術的助言であることを申し添えます。
　　　　　　　　　　　　　　　　　　記

　特例郵便等投票（特定患者等の郵便等を用いて行う投票方法の特例に関する法律第
3 条第 2 項に規定する特例郵便等投票をいう。以下同じ。）に係る投票録等の記載に
ついては、公職選挙法施行規則（昭和25年総理府令第13号）若しくは在外選挙執行
規則（平成11年自治省令第 2 号）又は最高裁判所裁判官国民審査法施行規則（昭和
23年総理庁令第29号）に定める関係様式中の所定の欄に適切に記載されたいこと。
具体的には次のとおりとされたいこと。
（ 1 ）特定患者等の郵便等を用いて行う投票方法の特例に関する法律施行令第 1 条
　　　第 2 項の規定により提示された選挙人名簿登録証明書、南極選挙人証又は在外
　　　選挙人証に、同条第 3 項後段の規定により当該選挙の種類及び期日並びに当該
　　　選挙の特例郵便等投票の投票用紙及び投票用封筒を交付した旨を記入する場合
　　　は、別紙の記載例を参考とすること。

（2）次に掲げる様式については、それぞれ次に掲げる欄に特例郵便等投票に係る情報を併せて記載すること。なお、以下の様式中に選挙人の氏名を記載する場合において、当該選挙人が特例郵便等投票に係る者であるときは、その旨がわかるように記載すること。

① 公職選挙法施行規則別記第24号様式（投票録の様式）不在者投票に係る各欄

② 在外選挙執行規則別記第17号様式（在外公館等における在外投票に関する調書の様式）公職選挙法施行令第65条の13第1項の規定により読み替えて適用される令第64条第2項の規定により不在者投票の投票用紙及び投票用封筒を返還した者に係る欄

③ 在外選挙執行規則別記第18号様式の2（在外選挙人の不在者投票に関する調書の様式）公職選挙法施行令第65条の13第1項の規定により読み替えて適用される第64条第2項の規定により投票用紙及び投票用封筒を返還した者に係る欄

④ 在外選挙執行規則別記第19号様式（指定在外選挙投票区等における投票録の様式）不在者投票に係る各欄

（3）最高裁判所裁判官国民審査法施行規則別記（投票録様式）については、不在者投票に係る各欄に特例郵便等投票に係る情報を併せて記載すること。なお、同様式中に選挙人の氏名を記載する場合において、当該選挙人が特例郵便等投票に係る者であるときは、（1）と同様、その旨がわかるように記載すること。

別紙

【参考1】公職選挙法施行規則別記第4号様式の2（選挙人名簿登録証明書）の記載例

選挙人名簿登録証明書

選挙人名簿に記載
されている住所
氏　　　　名
　　　　　　上記の者は、選挙人名簿に登録されていることを証明する。
　　　何年何月何日交付

　　　　　　　　　　　　　　　　　都（何道府県）何郡（市）（区）何町（村）
　　　　　　　　　　　　　　　　　選挙管理委員会委員長　氏　名　㊞

選挙	選挙期日	令第53条又は第54条の規定による投票用紙の交付	令第59条の6、第59条の6の3又は第59条の6の4の規定による投票送信用紙の交付		（略）
			船長に対する交付	船員に対する交付	
何選挙	何年何月何日	特例郵便等投票の投票用紙を交付			

備考
　1　この証明書の有効期限は、交付の日から7年とする。
　2　船員でなくなった場合等、令第18条第3項に規定する場合に該当するに至ったときは、この証明書を直ちに交付を受けた市町村の選挙管理委員会に返さなければならない。

【参考2】公職選挙法施行規則別記第13号様式の16（南極選挙人証）の記載例

南極選挙人証

選挙人名簿に記載
されている住所
氏　　　　名
　　　　　　上記の者は、選挙人名簿に登録されていることを証明する。
　　　何年何月何日交付

　　　　　　　　　　　　　　　　　都（何道府県）何郡（市）（区）何町（村）
　　　　　　　　　　　　　　　　　選挙管理委員会委員長　氏　名　㊞

選挙	選挙期日	令第53条の規定による投票用紙の交付	令第59条の8の規定による投票送信用紙の交付		（略）
			南極地域調査組織の長に対する交付	南極調査員に対する交付	
第何回衆議院総選挙	何年何月何日	特例郵便等投票の投票用紙を交付			

備考　この証明書の有効期間は、交付の日から南極調査期間が満了する日（何年何月何日）までとする。

【参考3】在外選挙執行規則第 6 号様式（在外選挙人証）の記載例

(裏)

選挙の種類（期日）	投票用紙等を交付した年月日	投票用紙等を交付した在外公館等
第何回衆議院総選挙 （何年何月何日）	何年何月何日交付済み （特例郵便等投票）	何県何市選挙管理委員会 委員長
都（何道府県）何郡（市）(区）何町（村）選挙管理委員会の住所（〒　　　　　　　　　　） 都（何道府県）何郡（市）(区）何町（村）字何（町）何番地（電話　　　　　　　　　　）		

事　務　連　絡
令和3年7月19日

各都道府県選挙管理委員会事務局　御中

総務省自治行政局選挙部選挙課
総務省自治行政局選挙部管理課

特例郵便等投票に係るＱ＆Ａの送付等について

　特定患者等の郵便等を用いて行う投票方法の特例に関する法律（令和3年法律第82号）等については、「特定患者等の郵便等を用いて行う投票方法の特例に関する法律等の施行について（通知）」（令和3年6月18日付け総行選第35号）等により通知したところですが、今般、別添1のとおり「特例郵便等投票に係るＱ＆Ａ」を取りまとめましたので、事務の参考としてください。
　また、「特定患者等の特例郵便等投票及び濃厚接触者の投票について（通知）」（令和3年6月18日付け総行管第175号、総情郵第99号、健発0618第7号）に添付した受取人払郵便物の表示について、別添2のとおり様式を修正しましたので、併せてお知らせします。
　なお、貴都道府県内の市区町村選挙管理委員会に対しても、周知をお願いします。

総務省自治行政局選挙部選挙課 　TEL：03-5253-5566 総務省自治行政局選挙部管理課 　TEL：03-5253-5573

特例郵便等投票に係るQ&A

No.	質問	回答
1	「請求の時において外出自粛要請等期間が選挙期間にかかると見込まれるとき」とは、外出自粛要請等期間が選挙期間に1日でもかかると見込まれれば足りるのか。	請求の時点で、外出自粛要請等期間が1日でも選挙期間（告示（公示）日の翌日から選挙期日）にかかると見込まれれば、特例郵便等投票の対象となる。ただし、請求の時において外出自粛要請等期間が終了している場合は、特例郵便等投票の対象とはならない。
2	請求の時に特例郵便等投票の要件を満たしていれば、投票用紙等の交付時又は投票時に外出自粛要請等が終了していても、特例郵便等投票の対象となるか。	請求の時において外出自粛要請等期間が選挙期間にかかると見込まれる限り、投票用紙等の交付時又は投票時に外出自粛要請等期間が終了していても、特例郵便等投票の対象となる。
3	「請求の時において外出自粛要請等期間が選挙期間にかかると見込まれるとき」とは、郵送により請求する場合、選挙人が投かんした時点で判断するのか、市区町村の選管に請求書が届いた時点で判断するのか。	選管に請求書が届いた時点である。なお、特例令1条3項において、市町村選管の委員長は「法3条2項本文に規定するとき（請求の時において外出自粛要請等期間が選挙期間にかかると見込まれるとき）に該当すると認めたとき」に投票用紙等を交付するものであり、選管に請求書が到達した時点で判断するものである（なお、要件に該当しないと判断し、投票用紙等を交付しない場合には、請求者にその旨を連絡すべき。）。
4	選挙期日までに18歳となる者は、請求の時点で18歳未満であっても、特例郵便等投票の請求ができるか。	選挙の期日に18歳以上となる者であり、請求の時に選挙人名簿に登録されているものであれば、請求時点で18歳未満でも、投票用紙等を請求することができる。なお、特例郵便等投票の請求は、登録されている選挙人名簿の属する市町村選管の委員長に対して行うもの（特例法3条2項）であるため、請求の時に選挙人名簿に登録されていることが必要であるが、名簿登録日前に請求書が届いた場合であっても、（名簿登録までの間は事実上留め置いた上で）名簿登録以後に法的に有効な請求があったものとして取り扱うことを妨げるものではない。）。
5	自宅療養者・宿泊療養者が入院の勧告又は措置により入院した場合、特例郵便等投票の請求ができるか。	外出自粛要請等を受けた者が入院した場合であっても、請求の時において外出自粛要請等が解除されておらず、外出自粛要請等期間が選挙期間にかかると見込まれる場合は、特例郵便等投票の対象となる。
6	自宅療養者・宿泊療養者が特例郵便等投票の請求後に入院した場合、当該病院において特例郵便等投票をすることができるか。	請求の時において特例郵便等投票の要件を満たしていたものであれば、請求後に入院した場合でも特例郵便等投票をすることができる。
7	特定患者等選挙人が外出自粛要請等を受けた後、不在者投票施設に入院又は入所した場合、特例郵便等投票と不在者投票施設における不在者投票のいずれの方法により投票してもよいのか。	外出自粛要請等を受けた者が不在者投票施設に入院又は入所した場合においても、特例郵便等投票の要件を満たす限り、特例郵便等投票と不在者投票施設における不在者投票のいずれの方法を選択することも可能である（特例郵便等投票か不在者投票のいずれかを選択して請求）。
8	郵便等投票証明書の交付を受けている者が特定患者等選挙人となった場合、郵便等投票と特例郵便等投票のいずれの方法により投票してもよいのか。	特例郵便等投票の要件を満たす限り、特例郵便等投票と郵便等投票のいずれの方法を選択することも可能である（郵便等投票か特例郵便等投票のいずれかを選択して請求）。
9	宿泊療養施設等に入所中に特例郵便等投票の請求をした後、投票用紙等が届く前に退所した場合や入院した場合、どのように取り扱えばよいのか。	投票用紙等の受領時に確実に退所が見込まれる者が請求する場合、特例郵便等投票の請求書に記載する送付先を退所後の居所（自宅、病院等）とするよう周知すべきである

特例郵便等投票の請求後に宿泊療養施設等を退所することになった場合、あらかじめ本人との間で退所後の居所（自宅、病院等）を確認したものであれば、施設等に郵送された投票用紙を施設等の職員が本人の使者として受け取り、当該居所に送付する取扱いとしても差し支えない（あくまで本人の意思に基づくものであることが必要。施設側で自宅住所等を把握している場合でも、本人に確認せずに送付することは差し控えられたい。）。

本人が退所し、宿泊療養施設等で投票用紙等を渡すことができない場合、市区町村の選管に返送し、選管から本人に連絡をとり、退所後の送付先を記載した請求書を改めて提出させることが適当であるが、請求期限間近である場合は、電話等により本人に退所後の送付先を確認できる限りにおいては、当初の請求書に基づき、退所後の送付先に投票用紙等を送付して差し支えない。 |

特例郵便等投票に係るQ&A

No.	質問	回答
10	投票用紙等の請求について、使者によることはできるか。	特例郵便等投票の請求書には特定患者等選挙人本人の署名が必要である（特例法3条2項）が、請求書の提出は使者によることも可能。
11	投票用紙等の請求について、市区町村の選管職員が直接自宅又は宿泊療養施設を訪れ、請求書を受領することはできるか。	請求書については、選管職員が直接受領することも可能である。
12	期日前4日後に市区町村の選管に請求書が到達した場合はどうすべきか。	期日前4日までに選管に請求書が到達したものが特例郵便等投票の対象となる（公選法49条2項による郵便等投票と同様）。
13	市区町村の選管が投票用紙等を交付する際、郵便等によらずに、特定患者等選挙人の療養している宿泊療養施設の職員等に直接渡すことができるか。	選管委員長による投票用紙等の交付は、郵便等による必要があるので、宿泊療養施設の職員等に直接渡すことはできない。
14	投票の送付について、郵便等によらず使者が直接市区町村の選管に持参することはできるか。	特定患者等選挙人による投票については、郵便等により送付しなければならないので、使者が直接市区町村の選管に持参することはできない。
15	投票の送付について、市区町村の選管職員が直接自宅又は宿泊療養施設を訪れ、受領することはできるか。	特定患者等選挙人による投票については、郵便等により送付しなければならないので、選管職員が使者として代わりに投かんすることはできるが、直接受領することはできない。
16	請求書に生年月日欄を設けてもよいか。	請求書は、特例則の様式に「準じて」作成するものであり、特例法等の規定を満たすものであれば、各選管の判断で生年月日等を設けることも差し支えない。
17	外出自粛要請又は隔離・停留の措置に係る書面は、写しでもよいか。	原本を求めるものである。（なお、原本を提示できない場合には、特例法3条2項ただし書による対応が考えられる。）
18	保健所等からの情報の提供は、電話等によることは可能か。必ず書面による必要があるか。	情報の提供の方法については特段定めがないため、選管と保健所等との間であらかじめ確認されたい。
19	情報の提供に当たっては、患者本人の同意は必要ないのか。	特例法4条において、特例郵便等投票に関する事務の円滑な実施のために必要があると認めるときは、市区町村の選挙管理委員会に対し、当該事務の実施に必要な範囲内において、当該事務に必要な情報を提供することができると規定されており、当該事務に必要な範囲であれば、法律上同意は必要ではない。
20	ファスナー付きの透明のケース等に封入されていない場合、郵送されないのか。	日本郵便（株）からは透明のケース・ビニール袋等に入っていなくても直ちに郵送を拒否するものではないと聞いているが、郵便局員及び他の郵便利用者の安全・安心のため、差出人等においてできる限りの対応がなされるよう周知をお願いしたい。
21	ファスナー付きの透明のケース等の具体例を示されたい。	配送中に破損することがない程度の強度があり、内容品（郵便物）の落下防止のため密閉性があれば足りる。国において具体的な製品名を示すことはできないが、例えば、一般に市販されているファスナー付きフリーザーバッグ（保存袋）が考えられる。
22	受取人払郵便物の表示について、ウェブサイト等に掲載すると、悪用されるおそれがあるのではないか。	他の法令にも抵触するおそれがある中、市区町村の選挙管理委員会のみに送付できる（受取人も含めて承認を受けるため）。様式を不正利用するおそれが高いとは考えていないが、念のため、使用が想定される期間（選挙の期日の公示又は告示の日の一定期間前から選挙の期日前4日までの間）のみの掲載とすることが考えられるものであり、その旨通知している。なお、受取人払郵便物の表示について、「特例郵便等投票請求書在中・投票在中」と記載する方向で様式を修正する。
23	受取人払郵便物の表示について、ウェブサイト等に掲載すると、悪用されるおそれがあるので、対象者等に対して直接交付する方法としてよいか。	対象者全員に対して直ちに確実に配布できるのであれば妨げるものではないが、請求期限の直前に対象となる場合もある可能性があり、個別に送付していると間に合わないおそれがあるので、使用が想定される期間（選挙の期日の公示又は告示の日の一定期間前から選挙の期日前4日までの間）のみの掲載とするなどの工夫により、できる限り不正利用のリスクが少ないようにしつつ、ウェブサイト等への掲載をするようにお願いしたい。

特例郵便等投票に係るQ&A

No.	質問	回答
24	「一人暮らしをしており、投かんを依頼できる人もいない等の理由により、やむを得ず同居人、知人等に投かんを依頼できない旨の相談があったときは、必要な援助について個々の地域の実情に応じて検討されたい」とあるが、具体的な援助の例を示されたい。	選挙管理委員会の職員が投かんする、投かんをお願いできる者を紹介する等が考えられるが、具体的には、各選挙管理委員会において地域の実情に応じて検討されたい。
25	検疫法の規定による外出自粛要請又は隔離・停留の措置を受けた者に対する周知啓発については、国において行うのか。	検疫所においても周知がなされるものと承知しているが、各団体においても、ウェブサイトへの掲載等による周知をお願いしたい。
26	衆議院議員に関する郵便等による送付に要する費用については国庫の負担とするものとされているが、令和2年12月21日付総務省からのメールにより、「新型コロナウイルス感染症対策（マスク、消毒液、飛沫感染対策ビニールシート等）に要する経費は基準額の範囲内で各団体の実情に応じて適正に行うことが原則だが、基準額の範囲内で支出することができない当該感染症対策に要する経費は、基準法第18条2項（調整費）の交付対象に該当しうるもの」とされている。今回の特例法の制定により、さらにファスナー付きの透明ケース等の確保や送付又は返信に係る郵送料などの経費がかかるが、この経費についても同様の考えでよいか。	お見込みのとおり。なお、特例郵便等投票に要する経費のうち、投票用紙の送付経費（選管と選挙人間の往復分）は、基準法第13条第9項で措置される。
27	投票録における不在者投票調書に特例郵便投票に関する数を記載することとなったが、不在者投票についてシステムにより管理している場合、特例郵便投票の件数を把握するためには、特例郵便投票であることを識別するための情報の入力などに対応するためのシステム改修が必要となる。この場合、それに係る費用は執行経費の対象となるのか。また、対象となる場合、国庫による負担率5/9の適用となるのか。	システム改修については、対象者数の多少や、利用頻度等を考慮し、その費用対効果を十分に精査・検討した上で、改修実施の要否を判断いただきたい。システム改修を行う場合については、その整備に要する経費は、国会議員の選挙等の執行経費の基準に関する法律に基づき交付される選挙執行委託費の交付対象となり、地方選挙にも資するシステム改修であるため、改修に要した経費に9分の5を乗じた額が措置される。
28	受取人払郵便物の表示をウェブサイト等に表示した場合、例えば、名簿登録地以外の市町村における不在者投票に係る宣誓書の提出、投票用紙等の請求など、特例郵便等投票以外の通常の不在者投票事務において当該受取人払郵便物の表示を利用される可能性があるが、その場合の郵便料は、当該選挙が国政選挙であれば国庫負担の対象となるか。	選挙人の目的外の行為により生じた経費が選挙執行委託費の交付対象になるかどうかは、個別事案ごとに判断させていただく。なお、受取人払郵便物の表示について、「特例郵便等投票請求書在中・投票在中」と記載する方向で様式を修正する。
29	国政選挙時に、保健所での書面交付業務のため臨時雇用を行う場合、選挙執行委託費の措置対象となる雇用期間はいつからいつまでとなるか。	特例郵便等投票の対象者は、投票用紙及び投票用封筒の請求があった時に外出自粛要請又は隔離・停留の措置に係る期間が当該選挙をしようとする選挙の期日の公示又は告示の日の翌日から当該選挙の当日までの期間にかかると見込まれる必要があり、選管は、保健所からの書面によりそのことを確認することとなる。したがって、国政選挙における特例郵便等投票に使用され得る書面の交付に係る業務に従事している期間の経費が、選挙執行委託費の措置対象となる。
30	請求期限（期日前4日）後に陽性となった者については、特例郵便等投票はできないが、投票所等において投票させてもよいのか。	特例郵便等投票を行うに当たっては、郵送等に要する時間を勘案し、従前の郵便等投票と同様に、選挙の期日前4日までという請求期限を設けているところ。公選法上、新型コロナウイルス感染症の患者が投票所等で投票することを禁ずる規定はないが、感染症法上、感染拡大防止のため、患者に対しては外出しないよう要請されることとなる（これに従わないときには、入院勧告、入院措置、それにも従わない場合には罰則の対象となり得る。）。したがって、請求期限（期日前4日）後に陽性となった者は、特例郵便等投票の対象とはならず、仮に患者が投票所等に来た場合には、投票を拒否することはできないが、事前に問合せがあった場合には、感染症法上は投票を含めた外出自粛を要請していることを説明し、理解を得るよう取り組んでいただきたい。

特例郵便等投票に係るＱ＆Ａ

No.	質問	回答
31	特定患者等選挙人が投票所、期日前投票所等で投票することを希望した場合、どのように対応すればよいのか。	No.30でお答えしたとおり、公選法上、新型コロナウイルス感染症の患者が投票所等で投票することを禁ずる規定はないが、感染症法上、感染拡大防止のため、患者に対しては外出しないよう要請がなされることとなる（これに従わないときには、入院勧告、措置、それにも従わない場合には罰則の対象となりうる）。 したがって、当該希望者に対しては、感染症法上は投票を含めた外出自粛を要請していることを説明し、特例郵便等投票を選択いただくよう取り組んでいただきたい。
32	「濃厚接触者は、検査結果は陰性であることから」とあるが、検査前の者についても、投票所において投票することができるのか。	濃厚接触者であるが検査を受けていない者については、検査を受けることを求め、陰性であることが確認できた後に投票所等において投票させることが基本と考えている。無症状であるものの検査結果を待っていると選挙期日に間に合わない場合など、やむを得ない場合には、検査後の濃厚接触者と同様に取り扱うこととされたい。

宛名表示の使用方法

① 「切り取り線」に沿って切り取り、
   手持ちの定形サイズの封筒にのり付け等
   します。
② 封筒に請求書と外出自粛要請等に係る
   書面を入れて封をし、「請求書在中」に
   〇を付けます。（切手不要）
③ 速達とするため、封筒の右上に朱線を
   引きます。
④ 透明のファスナー付きのケース等に
   入れ、密封します。
⑤ ④の表面を、アルコール消毒液を
   吹きかけて拭きとる等により消毒します。
⑥ 同居人、知人等（患者ではない方）に
   <u>郵便ポストへの投かん</u>を依頼します。

（郵便局の窓口にお持ちいただくことはご遠慮ください）

イメージ

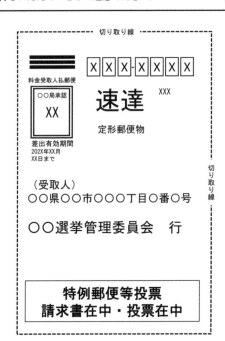

切り取り線

料金受取人払郵便

〇〇局承認
XX

差出有効期間
202X年XX月
XX日まで

X X X - X X X X

速達 ˣˣˣ

定形郵便物

切り取り線

（受取人）
〇〇県〇〇市〇〇〇丁目〇番〇号

〇〇選挙管理委員会　行

特例郵便等投票
請求書在中・投票在中

料金受取人払の表示（記載例）

枠線は、即納の場合は一重線、後納の場合は二重線としてください。

承認番号は郵便局から通知をうけた番号を記載してください。

料金受取人払承認請求書に記載した差出有効期間を記載してください。（差出開始日から2年以内）
※期間については郵便局とご相談願います。

速達としていただくため、「速達」と表示。

郵便局から整理番号の記載について指示を受けた場合は、指定された番号を記載してください。

郵便物の種類（定形郵便物、定形外郵便物、郵便葉書）を表示します。

普通扱いとする場合、カスタマバーコードを印字いただきますが、今回は速達（特殊取扱い）とするため、これを不要としています。

料金受取人払郵便物

銀座局承認

58

差出有効期間
202X年XX月
XX日まで

１００-８７９２

速達　５６７

定形郵便物

（受取人）
東京都千代田区大手町2丁目3番1号

〇〇選挙管理委員会　　行

特例郵便等投票
請求書在中・投票在中

総 行 管 第 ７ ６ 号
令和２年２月２６日

各都道府県選挙管理委員会委員長　殿

総務省自治行政局選挙部長
（ 公 　 印 　 省 　 略 ）

選挙の管理執行における新型コロナウイルス感染症への対応について

　新型コロナウイルス感染症については、「新型コロナウイルス感染症対策の基本方針（令和２年２月２５日新型コロナウイルス感染症対策本部決定）」（以下「基本方針」という。）により、政府として、地方公共団体、医療関係者、事業者や関係団体と連携・協力し、国民の協力を得ながら、対策を講じているところです。
　貴団体において選挙を管理執行するに当たっては、公職選挙法等関係法令の規定に従うほか、下記事項に留意の上、その地域の実情に応じ、保健福祉関係部局及び危機管理関係部局と緊密な連携をとり、適切な対応を図られますようお願いします。
　なお、貴都道府県内の市区町村選挙管理委員会に対しても、この旨周知していただきますようお願いします。
　また、本件通知は、地方自治法第２４５条の４第１項の規定に基づく技術的助言であることを申し添えます。

記

1　選挙を管理執行する地方公共団体においては、その管理執行に当たり、基本方針を踏まえ、適切に対応すること。
　　特に、候補者説明会、立候補受付、期日前投票所、投票所及び開票所における事務従事者並びに投票立会人、開票立会人、投票管理者及び開票管理者については、マスク着用、咳エチケットの徹底、手洗い・うがいの実施等に努めること。
　　また、選挙人に対しても、投票所におけるマスク着用、咳エチケットの徹底、帰宅後の手洗い・うがい等を呼びかけること。

2　その他の地方公共団体においても、地域での新型コロナウイルス感染症の発生状況を注視するとともに、必要に応じ、住民に対する情報提供、選挙事務従事者が使用するためのマスクの準備等、適切に対応すること。

選挙部管理課管理第二係
電　話：03-5253-5573
ＦＡＸ：03-5253-5575
メール senkyo.kanri@soumu.go.jp

総行管第９４号
令和２年３月４日

各都道府県選挙管理委員会委員長　殿

総務省自治行政局選挙部長
（　公　印　省　略　）

選挙の管理執行における新型コロナウイルス感染症への更なる対応について

　選挙の管理執行における新型コロナウイルス感染症への対応に係る留意事項については、「選挙の管理執行における新型コロナウイルス感染症への対応について」（令和２年２月２６日付総行管第７６号）で通知したところですが、これに加え、下記の事項にご留意のうえ、適切な対応を図られますようお願いします。

　なお、貴都道府県内の市区町村選挙管理委員会に対しても、周知していただきますようお願いします。

　また、本件通知は、地方自治法第２４５条の４第１項の規定に基づく技術的助言であることを申し添えます。

記

1　政府は多数の方が集まるような全国的なスポーツ、文化イベント等の中止、延期又は規模縮小等の対応を要請しているが、選挙については、要請対象であるスポーツ、文化イベント等には該当しないこと。

2　各選挙管理委員会においては、地域の実情に応じ、新型コロナウイルス感染症の感染防止対策の観点から、投票日当日、投票所に選挙人が集中することを避けるため、期日前投票の積極的な利用の呼びかけを検討すること。

　その際、選挙人の分散を図る観点から、期日前投票所の増設や移動期日前投票所の活用、期日前投票所内の設備の増強を図るとともに、投票所や期日前投票所の混雑状況やその見込みに関する情報提供に努めるなど、混雑対策について十分に留意すること。

　なお、新型コロナウイルス感染症への感染が懸念される状況は、公職選挙法（昭和２５年法律第１００号）第４８条の２第１項第６号の事由に該当し、期日前投票を行うことができると解されること。

3　新型コロナウイルス感染症への感染防止のため、投票所や開票所の入口等にアルコール消毒液等を設置し、利用を呼びかけること。また、投票所等の換気に努めること。

その他、各選挙管理委員会においては、持参した筆記具を使用させることなど、選挙の公正確保を前提に、選挙人の不安感を解消できるような工夫について積極的に検討すること。

　　なお、開票所においては、開票立会人、開票管理者及び事務従事者以外に、参観人がいる場合もあることから、参観人にもマスク着用、咳エチケットの徹底、帰宅後の手洗い・うがい等を呼びかけること。

4　対策を講じるに当たっては、「新型コロナウイルス感染症対策の基本方針」（令和2年2月25日　新型コロナウイルス感染症対策本部決定）のほか、厚生労働省等のホームページも参照すること。

　（参考）新型コロナウイルスに関するQ&A（一般の方向け）（厚生労働省HP）

　　　　https://www.mhlw.go.jp/stf/seisakunitsuite/bunya/kenkou_iryou/dengue_fever_qa_00001.html

　（参考）感染症対策への協力チラシ例（内閣官房HP）

　　　　https://www.cas.go.jp/jp/influenza/novel_coronavirus.html

5　民主主義、国民主権の基礎をなす選挙運動を含む政治活動の自由は、最大限尊重されるべきものと考えられることから、公職の候補者や政党がどのような選挙運動を行うかについては、政府の国内感染予防策などを踏まえた上で、それぞれの公職の候補者や政党において判断されるべきものであること。

6　新型コロナウイルス感染症の今後の動向に応じ、更に通知を行う可能性があることから、各選挙管理委員会においては留意すること。

選挙部管理課管理第二係
電　話：03-5253-5573
ＦＡＸ：03-5253-5575
メール senkyo.kanri@soumu.go.jp

総行管第９８号
令和２年３月６日

各都道府県選挙管理委員会委員長　殿

総務省自治行政局選挙部長
（　公　印　省　略　）

選挙の管理執行における新型コロナウイルス感染症への対応について（第３報）

　選挙の管理執行における新型コロナウイルス感染症への対応に係る留意事項については、「選挙の管理執行における新型コロナウイルス感染症への対応について」（令和２年２月２６日付総行管第７６号）及び「選挙の管理執行における新型コロナウイルス感染症への更なる対応について」（令和２年３月４日付総行管第９４号）で通知したところですが、関連して各選挙管理委員会から問い合わせがあったことから、下記のとおりお知らせします。これらの事項にもご留意のうえ、引き続き適切な対応を図られますようお願いします。
　なお、貴都道府県内の市区町村選挙管理委員会に対しても、周知していただきますようお願いします。
　また、本件通知は、地方自治法第２４５条の４第１項の規定に基づく技術的助言であることを申し添えます。

記

1　選挙期日は、公職選挙法に規定する選挙を行うべき期間において、当該選挙を管理する選挙管理委員会が、新型コロナウイルス感染症の状況等地域の実情を勘案し、選挙人にとって最も便宜と思われる期日を決定するものであること。
　選挙期日の告示前であれば、一度決定した選挙期日を上記期間の範囲内で変更することに、公職選挙法上の問題はないものであること。

2　令和２年３月中に執行を予定している地方選挙における投票所、期日前投票所等の感染症対策の実施例等については、現在「選挙に係る新型コロナウイルス感染症対策の調査について」（令和２年３月５日付総行管第９５号）により調査しているところであり、とりまとめ結果については、速やかに情報提供することを予定していること。

3　新型コロナウイルス感染症の今後の動向に応じ、更に通知を行う可能性があることから、各選挙管理委員会においては留意すること。

選挙部管理課管理第二係
電　話：03-5253-5573
ＦＡＸ：03-5253-5575
メール senkyo.kanri@soumu.go.jp

総行管第１０５号
令和２年３月１３日

各都道府県選挙管理委員会委員長　殿

総務省自治行政局選挙部長
（　公　印　省　略　）

選挙の管理執行における新型コロナウイルス感染症への対応について（第４報）

　選挙の管理執行における新型コロナウイルス感染症への対応に係る留意事項については、「選挙の管理執行における新型コロナウイルス感染症への対応について」（令和２年２月２６日付総行管第７６号）、「選挙の管理執行における新型コロナウイルス感染症への更なる対応について」（令和２年３月４日付総行管第９４号）及び「選挙の管理執行における新型コロナウイルス感染症への対応について（第３報）」（令和２年３月６日付総行管第９８号）で通知したところですが、関連して各選挙管理委員会から問い合わせがあったことから、下記のとおりお知らせします。これらの事項にもご留意のうえ、引き続き適切な対応を図られますようお願いします。
　なお、貴都道府県内の市区町村選挙管理委員会に対しても、周知していただきますようお願いします。
　また、本件通知は、地方自治法第２４５条の４第１項の規定に基づく技術的助言であることを申し添えます。

記

1　投票所等における感染防止対策については、第３報までの通知で留意事項を示してきたところであるが、「新型コロナウイルス感染症対策の見解」（2020 年３月９日新型コロナウイルス感染症対策専門家会議）によれば、「これまで集団感染が確認された場に共通するのは、①換気の悪い密閉空間であった、②多くの人が密集していた、③近距離（互いに手を伸ばしたら届く距離）での会話や発声が行われたという３つの条件が同時に重なった場」であるとされているところであり、各選挙管理委員会においては、投票所等の運営において、換気に努め、選挙人が滞留しないようにするとともに、選挙人間の距離ができるだけ確保できるように留意すること。
　風邪の症状がうかがわれる選挙人などが投票に訪れた場合には、咳エチケットの徹底を促すなど、他の選挙人に不安を与えないよう配慮すること。

（参考）新型コロナウイルス感染症対策専門家会議の見解等
（厚生労働省ＨＰ）　資料1

https://www.mhlw.go.jp/content/10900000/000606000.pdf

2　開票については、公職選挙法第66条第2項の規定により開票区ごとに投票を混同して行うこととなるが、その際、感染防止には手洗いやアルコール消毒が有効とされていることから、開票中の適宜のタイミングや開票事務終了後に手洗いやアルコール消毒を行うよう努めるほか、作業中にむやみに目や鼻、口などに触れないよう開票事務従事者にあらかじめ周知すること。

（参考）一般市民向け新型コロナウイルス感染症に対する注意事項
（日本環境感染学会HP）　資料2

http://www.kankyokansen.org/uploads/uploads/files/jsipc/2019ncov_ippan_200203.pdf

3　各選挙管理委員会においては、選挙人に対して、投票所等において必要な感染症対策を講じていることを周知するとともに、地方選挙は地域の将来を託す代表者を選ぶ重要な機会であることから、自身の予防対策もした上での積極的な投票参加を呼びかけること。

（参考）高市総務大臣閣議後記者会見の概要（総務省HP）　資料3

https://www.soumu.go.jp/menu_news/kaiken/01koho01_02000894.html

4　新型コロナウイルス感染症の今後の動向に応じ、更に通知を行う可能性があることから、各選挙管理委員会においては留意すること。

選挙部管理課管理第二係
電　話：03-5253-5573
ＦＡＸ：03-5253-5575
メール senkyo.kanri@soumu.go.jp

新型コロナウイルス感染症対策専門家会議 「新型コロナウイルス感染症対策の見解」（抜粋）
2020 年 3 月 9 日

6. みなさまにお願いしたいこと

　これまでに明らかになったデータから、集団感染しやすい場所や場面を避けるという行動によって、急速な感染拡大を防げる可能性が、より確実な知見となってきました。これまで集団感染が確認された場に共通するのは、①換気の悪い密閉空間であった、②多くの人が密集していた、③近距離（互いに手を伸ばしたら届く距離）での会話や発声が行われたという 3 つの条件が同時に重なった場です。こうした場ではより多くの人が感染していたと考えられます。そのため、市民のみなさまは、これらの3つの条件ができるだけ同時に揃う場所や場面を予測し、避ける行動をとってください。

　ただし、こうした行動によって、どの程度の感染拡大リスクが減少するかについては、今のところ十分な科学的根拠はありませんが、換気のよくない場所や人が密集する場所は、感染を拡大させていることから、明確な基準に関する科学的根拠が得られる前であっても、事前の警戒として対策をとっていただきたいと考えています。

一般社団法人日本感染症学会・一般社団法人日本環境感染学会
「一般市民向け新型コロナウイルス感染症に対する注意事項」(2020 年 2 月 3 日現在)（抜粋）

5.　感染対策の基本は咳エチケットと手の清潔です。

　コロナウイルスの感染は飛沫感染が主で、咳やくしゃみによりウイルスが伝播されることにより生じます。したがって、インフルエンザに対する予防と同様に、咳エチケット、手洗いなどの感染対策が有効です。感染対策としてもっとも重要なことは手の清潔です。マスクを着用していてもウイルスで汚染した手指で目、鼻、口などに触るとこれらの粘膜から感染する可能性があります。不用意に口や鼻、目を触らないように注意しましょう。咳やくしゃみなどの呼吸器症状がある人は、他の人に感染を広げないためにもマスクの使用が有効かと思われます。現在、マスクが不足している状況ですが、内側のガーゼを交換する、あるいはガーゼを水洗いしてから乾燥させて再利用するなどの工夫を行うこともできます。ウイルスで汚染した手指を介して目・口の粘膜から感染が伝播される可能性にも注意しなければなりません。手洗いや手の消毒の徹底は感染対策の基本です。

高市総務大臣閣議後記者会見の概要（抜粋）

令和2年3月10日

問：　新型コロナウイルスの影響で、地方選挙の投票率低下を懸念する声が上がっています。総務省としての対応状況と大臣のお考えを伺えますでしょうか。

答：　地方選挙は、非常に大切なものでございます。皆様のお声を地方行政に届けていくために重要な位置付けでございますので、できるだけ多くの方に投票に行っていただきたいと思います。

その上で、これまで総務省から3回にわたって、都道府県の選挙管理委員会に対して通知を発出しました。

例えば、投票所などにおきまして、咳エチケットの徹底やマスクの着用、消毒液の設置、また、換気を頻繁に行っていただくなどの感染防止対策や、期日前投票を活用していただいて、投票所に、投票日に選挙人の方が集中することを避ける取組をお願いしております。

これらの要請を踏まえまして、各投票所で必要な対策を行って、選挙人の皆様の安全と安心に配慮した管理執行に、既に努めていただいているところでございます。

また、有権者の皆様におかれましては、地方選挙は地域の将来を託す代表者を選ぶ重要な選挙ですから、ご自身の予防対策もしていただいた上で、積極的な投票参加をお願い申し上げます。

総行管第１１４号
令和２年３月１９日

各都道府県選挙管理委員会委員長　殿

総務省自治行政局選挙部長
（　公　印　省　略　）

選挙の管理執行における新型コロナウイルス感染症への対応について（第５報）

　令和２年３月中に執行を予定している地方選挙における投票所等の感染症対策の取組状況については、「選挙に係る新型コロナウイルス感染症対策の調査について」（令和２年３月５日付総行管第９５号）により、調査を行っていたところですが、今般、調査結果の概要を別紙のとおりとりまとめましたので、お知らせします。

　これまでの通知に加え、調査結果を踏まえた下記の事項にもご留意のうえ、引き続き適切な対応を図られますようお願いします。

　なお、貴都道府県内の市区町村選挙管理委員会に対しても、周知していただきますようお願いします。

　また、本件通知は、地方自治法第２４５条の４第１項の規定に基づく技術的助言であることを申し添えます。

記

1　調査結果を踏まえると、各選挙管理委員会においては投票所等における様々な感染防止対策に積極的に取り組まれている一方、感染防止対策の周知や投票所等の混雑状況の情報提供が十分にできていない団体も見受けられること。

　　選挙人が安心して投票できるようにするためにも、投票所等において実施している感染防止対策の内容を十分に周知するとともに、投票所等の混雑状況（過去の選挙における混雑状況や混雑が見込まれない旨の周知を含む。）の情報提供に積極的に努めること。

2　開票については、多くの事務従事者が長時間開票所内にとどまり、作業を行うこととなることから、作業中の事務従事者間の距離の確保を図るとともに、無理のないタイムスケジュールとするなど、開票事務従事者の体調管理に十分配慮すること。

3　そのほか、今後選挙の執行を予定している団体においては、これまでの通知の内容及び別紙の取組事例を参考に、地域の実情に合わせた更なる工夫に努められたいこと。

4　新型コロナウイルス感染症の今後の動向に応じ、更に通知を行う可能性があるこ
　とから、各選挙管理委員会においては留意すること。

選挙部管理課管理第二係
電　話：03-5253-5573
ＦＡＸ：03-5253-5575
メール senkyo.kanri@soumu.go.jp

新型コロナウイルス感染症対策の取組状況
（3月22日、29日に選挙を迎える80団体）

（1）感染防止対策について
- ○　マスク着用、咳エチケットの徹底、手洗い・うがいの実施等の感染防止対策について、全団体で事務従事者へ指示又は指示を検討。
- ○　選挙人への呼びかけもほぼ全ての団体で実施・検討している。その手段は、チラシの掲示や配布、防災行政無線や回覧板の活用、ＨＰへの掲載のほか、選挙公報への掲載やケーブルテレビの利用など。
- ○　投票所等における換気も全団体で実施・検討。

＜その他の取組事例＞
- ・投票記載台やドアノブ等の定期的な消毒
- ・筆記具の定期的な消毒、使い捨て鉛筆の提供　・投票記載台への除菌シートの設置
- ・体調不良を訴える選挙人へのマスクの提供　　・うがい用紙コップ、うがい薬の設置

（2）選挙人の投票所等への混雑回避対策について
- ○　約6割の団体では、過去の経験や選挙人数からみて投票所等の混雑は見込まれていない。
- ○　それ以外の約4割の団体では、期日前投票所の設備増強など、何らかの混雑緩和対策を実施・検討。

＜取組事例＞
- ・投票所等における名簿対照窓口や投票記載台の増加などの設備増強
- ・投票記載台の間隔を広くする
- ・期日前投票所の増設
- ・期日前投票所を広い会場に変更
- ・投票所等への入場者を一定数以内に管理、待合所の設置
- ・選挙人の動線の変更（出入口への選挙人の集中回避）

※　投票所等の混雑が見込まれない団体の中にも、期日前投票者が多くなった場合に備え、名簿対照窓口の増加や投票記載台を増加する体制を整えている団体がある。

（3）投票所の混雑状況の選挙人への情報提供
　　（2）で混雑緩和対策を実施・検討している団体のうち、混雑状況の情報提供を実施・検討しているのは約5割。

＜取組事例＞
- ・ＨＰやＳＮＳを使用した情報提供
- ・防災行政無線を活用した情報提供
- ・過去の選挙において混雑した日時の情報を提供

総行管第138号
令和2年4月8日

各都道府県選挙管理委員会委員長　殿

総務省自治行政局選挙部長
（　公　印　省　略　）

選挙の管理執行における新型コロナウイルス感染症への対応について（第6報）

　今般、埼玉県、千葉県、東京都、神奈川県、大阪府、兵庫県及び福岡県を対象区域として新型インフルエンザ等対策特別措置法（平成24年法律第31号）第32条第1項に規定する緊急事態宣言がなされたことに伴い、下記のとおりお知らせします。
　貴団体において選挙を管理執行するに当たっては、これまでの通知や下記事項にご留意の上、引き続き適切な対応を図られますようお願いします。
　なお、貴都道府県内の市区町村選挙管理委員会に対しても、周知していただきますようお願いします。
　本件通知は、地方自治法第245条の4第1項の規定に基づく技術的助言であることを申し添えます。

記

1　緊急事態宣言がなされた場合においても、現行法において、選挙は公職選挙法第33条等の規定に基づき執行するものであること。

2　対象区域において選挙を執行する場合においては、保健福祉関係部局及び危機管理関係部局と特に緊密な連携をとり、これまで「選挙の管理執行における新型コロナウイルス感染症への対応について」（令和2年2月26日付総行管第76号）等で通知した選挙の管理執行における新型コロナウイルス感染症への対応に係る留意事項を十分に踏まえ、選挙人の投票機会及び投票における安全・安心の確保に配慮した管理執行に努めること。

3　新型コロナウイルス感染症の今後の動向に応じ、更に通知を行う可能性があることから、各選挙管理委員会においては留意すること。

選挙部管理課管理第二係
電　話：03-5253-5573
ＦＡＸ：03-5253-5575
メール senkyo.kanri@soumu.go.jp

令和2年4月7日(火) 参議院議院運営委員会
安倍総理大臣答弁(抜粋)

　選挙はですね、住民の代表を決める民主主義の根幹をなすものでありまして、任期が到来すれば、決められたルールの下で次の代表を選ぶというのが民主主義の大原則であって、不要不急の外出には当たらないと考えています。

　これまで、選挙期日及び任期を延長する特例法が制定されたのは、「阪神・淡路大震災」及び「東日本大震災」の2例のみであります。

　これは、有権者の把握や施設確保などの観点から、選挙の管理執行が物理的に困難であったことによるものでありまして、被災地の選挙管理委員会からの要請を受けて、特例法を制定したものと認識をしています。

　政府としては、選挙を実施する場合には、投票所における感染防止対策の徹底や、期日前投票の積極的な利用により、投票所に人が集中することを避ける取組を要請しているところであります。

　引き続き、新型コロナウイルス感染症の動向に注意をしつつ、各地で執行される選挙が滞りなく執行できるように努めてまいりたいと思います。

令和3年改訂版

コロナ禍における選挙管理執行の実務

特例郵便等投票から最新対策事例、Q&Aまで

無断禁転 　　　　　　　　　　　令和3年8月27日発行

一般社団法人 選挙制度実務研究会　編

発 行 人／中 島 孝 司

発　　　行／株式会社 国政情報センター

〒150-0044 東京都渋谷区円山町5－4道玄坂ビル

電　話　03－3476－4111

ＦＡＸ　03－3476－4842

振替口座　00150－1－24932

定　価　2,860円（本体2,600円＋税10%）　乱丁・落丁本はお取替えいたします。

ISBN978-4-87760-327-4 C3031 ￥2600E